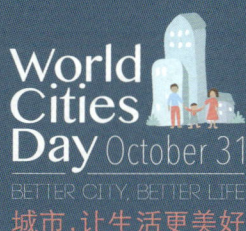

扫码观看 2023 年世界城市日主题公益宣传片

世界城市日
活动成果精粹

SELECTED SPEECHES OF 2023 WORLD CITIES DAY EVENTS

上海市住房和城乡建设管理委员会
上海世界城市日事务协调中心
上海市住房和城乡建设管理委员会科学技术委员会事务中心
编

上海科学技术出版社

图书在版编目（CIP）数据

世界城市日活动成果精粹. 2023 / 上海市住房和城乡建设管理委员会, 上海世界城市日事务协调中心, 上海市住房和城乡建设管理委员会科学技术委员会事务中心编. 上海：上海科学技术出版社, 2024. 10. -- ISBN 978-7-5478-6847-8

Ⅰ. F299.1-53

中国国家版本馆CIP数据核字第2024NA9332号

责任编辑　董怡萍　楼玲玲

封面设计　包晨晖

世界城市日活动成果精粹·2023
上海市住房和城乡建设管理委员会
上海世界城市日事务协调中心　　　　　　　　　编
上海市住房和城乡建设管理委员会科学技术委员会事务中心

上海世纪出版（集团）有限公司
上海科学技术出版社　　出版、发行
（上海市闵行区号景路159弄A座9F–10F）
邮政编码201101　　www.sstp.cn
上海雅昌艺术印刷有限公司印刷
开本 787×1092　1/16　印张 24
字数 500千字
2024年10月第1版　2024年10月第1次印刷
ISBN 978-7-5478-6847-8/F·52
定价：248.00元

本书如有缺页、错装或坏损等严重质量问题，请向工厂联系调换

编纂委员会
COMPILATION COMMITTEE

主 任
胡广杰

副主任（按姓氏笔画排序）
马 韧　王 桢　刘千伟　张永刚　张 政　金 晨　周国平
姜斯宪　徐志虎　高世昀　董红明　裴 晓

顾 问（按姓氏笔画排序）
祁 彦　李礼平　顾伟华　崔明华

委 员（按姓氏笔画排序）
于 静　王 丹　叶国强　白正盛　吴建南　沈丽丹　宋伟峰
张饮江　张录法　陈瀚波　赵鑫明　曹嘉明　盛向红　蒋应红
曾德顺　谢雄耀　鲍诗度　颜 骅

编辑部（按姓氏笔画排序）
主 编
成 键　徐 骞　高宏宇　彭 波　管 伟

副主编
丁 建　孙 霖　李 闵　龚 樱

编 辑
王艺蒙　王婵雅　田子超　司志荣　李佳秋　李晓雅　李笑寅
李 娟　张 俊　余山川　茆训诚　范圆圆　周绮雯　周 璐
施耀耀　聂 敏　徐佳玙　翁诗思　常 瑜　程 凝

序一
Preface Ⅰ

安东尼奥·古特雷斯
联合国秘书长

（2023 年世界城市日全球主场活动致辞）

世界城市日活动之日是我们思考城市在可持续发展中发挥关键作用的时刻。

城市是经济增长和创新的引擎，是实现联合国2030年可持续发展议程和可持续发展目标的关键。城市也处于当前复杂挑战的前沿，包括气候危机、日益严重的不平等和政治两极分化。

但地方当局在有限的支持和资源下举步维艰，而对基础设施、经济适用房、高效交通和社会服务的需求巨大且不断增长。因此，今年的主题"汇聚资源，共建可持续的城市未来"就是一个行动呼吁。

各国政府、国际组织、私营企业和民间社会力量必须共同努力，为打造可持续的韧性城市筹集资金。我坚定倡导全球层面的公平融资解决方案。这些方案必须与创新和多样化的供资来源一起使用，以加强气候友好、包容和公平的地方融资战略。

我最近设立的地方和区域政府咨询小组将加强协调，以落实可持续发展目标，并确保在筹备明年的未来峰会时听到来自城市和区域的声音。

值此庆祝世界城市日之际，让我们下定决心，共同努力，使城市不仅成为增长的引擎，而且成为可持续性、韧性和全民繁荣的灯塔。

序二
Preface II

麦慕娜·谢里夫
时任联合国副秘书长、人居署执行主任

［全球可持续发展城市奖（上海奖）颁奖活动暨
2023 年世界城市日中国主场活动开幕式致辞，上海］

我今天非常荣幸来到上海与大家一起庆祝 2023 年世界城市日中国主场活动，同时，也共同见证全球可持续发展城市奖（上海奖）的启动，恭喜首轮获奖的各个城市！

今年是联合国大会关于世界城市日的决议通过的 10 周年，能够在世界城市日的发源地上海市庆祝这一庆典对我来说意义重大，我在这里要向中国政府、中国住房和城乡建设部以及上海市人民政府表示感谢，感谢他们致力于推动国际合作，支持在国内和全球的可持续城市发展。

今年世界城市日的主题是"汇聚资源，共建可持续的城市未来"。鉴于许多城市仍然处在从新冠肺炎疫情的负面影响中恢复的过程中，这一主题出现得非常及时。全球的经济前景依然脆弱，极端气候、冲突及生活成本上升等一系列危机交汇在一起，加大了扩大可持续城市发展投资的紧迫性。同时，这也提供了巨大的机会，可以让我们进行创新性、变革性的融资。

根据联合国贸易和发展会议（UNCTAD）和国际能源署（IEA）的估计，要实现联合国可持续发展目标，在 2030 年之前，每年将会需要约 2.6 万亿美元的投入。根据我在马来西亚担任市长的经验，我知道获得这些资源对于确保城市长期可持续发展而言至关重要。然而，对比我还是充满希望。从我们在全球 600 多个城市的工作中，以及通过世界各地的城市和地方政府联合组织（UCLG）、国际城市联合组织（C40）、宜可城（ICLEI）等全球网络了解到的信息，我知道城市发挥着关键性作用，可以推动国家经济发展。如果得到适当的支持，市长们可以帮助各国加速实现 2030 年可持续发展目标。

到 2050 年，全球 68% 的人口将会居住在城市，这也就意味着我们应对贫困、不平等、气候变化、缺少适当住房等问题的斗争将会由城市决出胜负。这也是为什么上海奖是认可城市在帮助各联合国会员国实现可持续城市化承诺方面发挥的重要作用的一种方式，而各会员国对可持续城市化的承诺在今年 6 月的第二届联合国人居大会上得到了进一步强化。

我非常感谢各位合作伙伴，感谢住房和城乡建设部、上海市人民政府，以及其他的中国伙伴，感谢他们与联合国人类住区规划署（以下简称"联合国人居署"）合作，共同设立了上海奖。我也很感谢《上海手册：21 世纪城市可持续发展指南》（以下简称《上海手册》）年度报告和上海指数的开发团队，谢谢你们。

另一方面，这个奖项所认可的是落地的行动，所以让我向所有申请该奖项的城市表示感谢，你们为改善城市中所有人的生活质量做出的奉献是绝对值得肯定的。我希望鼓励更多的城市参加上海奖的评选，这是一个重要平台，可以用来交流你们的愿景、经验、成功和挫折，从而帮助其他城市提高能力，吸引投资，找到实现可持续城市未来的创新道路。

各位，今天，多重危机的交汇仍然在威胁着我们实现可持续发展目标的进程。联合国秘书长的报告显示，大概只有 15% 的可持续发展目标在按计划取得进展，很多目标甚至在倒退。联合国人居署致力于与所有的国家和地方政府以及更广泛的利益相关方开展合作，确保没有一人一地被落下。

我注意到，第三届"一带一路"论坛上周在北京成功举办，联合国秘书长安东尼奥·古特雷斯说："'一带一路'倡议提供了帮助发展中国家实现可持续发展的重要、有效的途径"，这也是一个历史性的机遇，让我们共同建设现代化的绿色的城市、社区及交通系统。

我在访问中国期间，见证了一些令人印象深刻的项目，这些项目非常好地示范了联合国人居署在其战略计划中希望实现的一些重要变革领域，其中包括一些城市更新项目、将新的生命注入城市的历史街区、在住房和基础设施中采用绿色技术以及运用数字技术使我们的城市变得更加智能，所有这些必须以人为中心才有意义。城市要智能，人也要更加智能。

借此机会，我很高兴地告诉大家，第十二届世界城市论坛将于2024年11月在埃及开罗举行，来自中国的案例一定会在明年的世界城市论坛中丰富有关城市化的全球探讨。

尊敬的各位代表，女士们、先生们，毫无疑问，未来是城市的，在庆祝可持续城市化的10周年之际，让我们再次重申对"城市，让生活更美好"的承诺，让我们共同进行有意义的对话，建立伙伴关系，探索创新的解决方案，从而实现所有人共享的可持续的城市未来。谢谢大家！

前言
Foreword

本书编辑部

2023年10月28—31日，全球可持续发展城市奖（上海奖）颁奖活动暨2023年世界城市日中国主场活动在上海举行。本次活动由中华人民共和国住房和城乡建设部、联合国人居署、上海市人民政府共同主办，主题为"汇聚资源，共建可持续的城市未来"，包括开幕式、系列论坛、展览展示及主题考察等活动。第三届城市可持续发展全球大会同步召开。2023年世界城市日全球主场活动在土耳其伊斯坦布尔举办。

2023年10月28日，上海奖颁奖活动暨2023年世界城市日中国主场活动开幕式在上海举行。中共中央政治局委员、国务院副总理何立峰出席开幕式并为首届获奖城市颁奖。

开幕式前，何立峰参观了城市建设和发展案例展。何立峰指出，习近平主席高度重视城市可持续发展，多次对上海奖设立给予关心和指导，专门向2022年世界城市日全球主场活动暨第二届城市可持续发展全球大会致贺信。中国政府正在按照习近平主席重要指示，深入推进以人为核心的新型城镇化，愿与世界各国分享中国方案、中国经验，共同推动全球城市可持续发展。

上海市委书记陈吉宁出席相关活动并在开幕式上致辞指出，上海将以习近平主席关于城市工作的重要论述为指引，坚持走中国特色城市发展道路，加快转变超大城市发展方式，在人民城市建设上迈出更大步伐；始终坚持以人为本，把最好的资源留给人民，用优质的供给服务人民；着力增强城市功能，深化"五个中心"建设，强化"四大功能"；加快推进绿色低碳转型，实现人与自然和谐共生；努力提升城市治理效能，探索形成城市现代化建设、可持续发展的上海范例。

住房和城乡建设部部长倪虹出席并在开幕式上致辞指出，2023年是联合国设立世界城市日10周年，联合国人居署设立和颁发上海奖，将有力引领全球城市发展，推动"建设包容、安全、有抵御灾害能力和可持续的城市"迈上新的台阶。站在新的起点，我们将继续与各方共同努力，推动全球城市可持续发展，让城市成为汇聚幸福的家园，汇聚绿色的空间，汇聚文化的窗口，汇聚科技的前沿，汇聚安心的港湾。

时任联合国副秘书长、联合国人居署执行主任麦慕娜·谢里夫出席并在致辞时表示，在世界城市日申设成功10周年之际，回到上海意义非凡。中国"一带一路"倡议及各个城市的优秀案例展现了"以人为本"的优秀实践，为全球城市提供了重要参考。我们要重申"城市，让生活更美好"的承诺，开展对话，建立伙伴关系，探索创新解决方案，共建可持续的城市未来。

上海市委副书记、市长龚正出席并发布2023版《上海手册》和全球城市监测框架——上海应用指数（以下简称"上海指数"）综合指标。2023版《上海手册》由联合国人居署、国际展览局和上海市人民政府共同主编，以"促进资源融合，共享城市未来"为主题，展示了全球城市可持续发展的最佳实践。上海指数由中国住房和城乡建设部、联合国人居署和上海市人民政府共同研发，整体架构为"1+N"。其中，"1"为综合指数，用于衡量城市可持续发展总体水平；"N"代表多项主题指数，将与城市日主题以及城市发展热点等议题结合，用于评估城市特定领域的可持续发展水平。

厄瓜多尔城市发展与住房部部长阿吉列拉等出席开幕式。出席相关活动的还有国内外政府代表、相关城市市长与城市代表、专家学者、企业界人士，以及有关国际组织代表。

此次世界城市日首次颁发上海奖，旨在推动落实联合国2030年可持续发展议程，促进新城市议程在全球的本地化，积极响应全球发展倡议，表彰世界范围内在可持续发展方面取得突出进展的优秀城市，澳大利亚布里斯班、中国福州、乌干达坎帕拉、马来西亚槟城乔治市、巴西萨尔瓦多等城市获颁奖项。

此外，2023年全年也开展了论坛边会、知识分享、社会推广等丰富多彩的活动。据统计，2023年共开展了38场城市日主题和系列活动，包括33场论坛（会议）、1场博览会、4场社会活动。来自澳大利亚、巴西、乌干达、马来西亚、卡塔尔、厄瓜多尔、尼泊尔、哥斯达黎加、英国、泰国、孟加拉国、加纳、葡萄牙、美国、肯尼亚、德国、加拿大、意大利、芬兰、乌拉圭、哥伦比亚、南非、菲律宾等数十个国家的政府官员、国际组织官员、城市市长、企业代表和专家学者参与了活动。

作为2023年世界城市日活动的成果记录，《世界城市日活动成果精粹·2023》一书汇集并精选了国内外嘉宾在2023年世界城市日各类活动中的精彩演讲，内容涵盖未来城市与可持续发展、城市治理与韧性发展、共享空间与基础设施建设、人本城市建设与软实力提升、城市更新与数字化赋能等议题，以期与读者分享各国城市在地方行动方面的经验、方法与成效，以及各领域专业人士的真知灼见，以为共创城市更美好的未来贡献一份力量。

目录
CONTENTS

第一章　未来城市与可持续发展

002　联合国可持续发展议程在城市间合作的意义和实践　/ 于宏源

005　低碳和多元包容视角下的交通与城市协同发展
　　　——来自中国和发展中国家城市的理论与实践　/ 张　纯

010　政府、企业、公众协同推进公交可持续发展　/ 程世东

015　加速城市"碳中和"，国内外实践经验　/ 薛露露

019　充分发挥碳市场重要作用，汇聚各方力量助力城市绿色转型　/ 刘　杰

第二章　城市治理与韧性发展

024　未来城市与交通系统的交叉学科研究　/ 张峻屹

034　中国城市 ESG 治理评价体系　/ 邱慈观

040　大模型何以用于城市治理？"热"实践与"冷思考"　/ 吴建南　马太平　周　磊

046　超大城市地下空间系统韧性：内涵、评估方法、提升策略与展望　/ 韩凯航

第三章　共享空间与基础设施建设

054　山林场馆，生态冬奥
　　　——复杂山地条件下冬奥雪上场馆设计建造运维关键技术　/ 李兴钢

061　地下空间与城市韧性　/ 周迎新

068　中国城市近零碳社区建设案例与经验　/ 张亚龙

072　重塑功能，重现风貌
　　　——上海城市更新与历史文脉传承的实践与探索　/ 刘千伟　陈　卓

第一章
Chapter 01

未来城市与可持续发展

联合国可持续发展议程在城市间合作的意义和实践

于宏源
上海国际问题研究院公共政策研究所所长

> 本文摘自作者在"2023年上海—埃斯波市可持续发展专题论坛"上的演讲。

中国发布的《携手构建人类命运共同体：中国的倡议与行动》白皮书中提到了，人类命运共同体需要共同的价值。这个共同的价值是来自于哪里呢？世界城市之中的可持续发展，就是其中很重要的共同的价值。

每一个城市，每一个城市中的人，每一份《上海手册》，每一份《上海手册》中的案例，都是人类共同价值的参与、共享以及创造者。所有的知识实际上都是地方性知识，特别是在可持续发展领域。在联合国可持续发展建设工程中，我们是参与者、贡献者和建设者，这就是可持续的知识。没有任何一个国家可以垄断可持续发展的话语权，每一个人、每一个城市都是创造者，这也是上海世界城市日可以在全球取得如此巨大的影响力很重要的坚实基础。

在联合国可持续发展议程中，政策、资金和行动十分重要，我们需要无论是来自国际还是国内的各种各样的政策，来提供一个信号，以引导资金的流动。因为在基础设施、环境工程、气候变化和救灾领域等，资金流动需要来自政府的信号，需要政府的补贴和税收等的支持。没有这种强有力的政策信号的支持，我们就很难取得资金的流动。今年世界城市日的主题是"汇聚资源，共建可持续的城市未来"，无论是在气候变化、救灾领域，还是在经济发展援助领域，以及发展中国家的城市韧性建设、基础设施互联互通等领域，大量的资本建设需要一种强力的合作，而这种合作，首先是来自非常明确的、强有力的政策信号。这种信号的根源就是国际信任，这既需要大国之间的共识，也需要城市之间的合作和信任。这种信任和合作，实际上提供了资源流动的最重要的助力

第四章 人本城市建设与软实力提升

084 我国大城市住房租赁市场结构错配及治理 / 虞晓芬
089 促进医防康养融合发展，全面提升健康服务能力 / 李 晖 徐佳玙 颜 骅
095 优化物业治理架构 打造高品质百年住宅 / 程 鹏
099 让网红打卡接入更多文化价值 / 肖潜辉
104 历史建筑保护利用的价值实现 / 徐进亮

第五章 城市更新与数字化赋能

116 上海石库门里弄演替历程与再生模式新探 / 常 青
136 人民城市的可持续更新模式与未来 / 王 林
145 文化元宇宙赋能城市文化创新 / 解学芳
149 城市信息模型的治理实践 / 杨 滔
154 北京城市更新的规划战略与策略 / 石晓冬

附录 2023年"世界城市日"主题活动、系列活动

和支持，也同时能够形成一个正循环，在我们政府、国际间形成可持续发展的政策信号，有资本的流动，也有在经济、社会、环境、文化、城市治理领域的共同发展。然而，今年在可持续发展领域，我们其实面临着巨大的挑战和困难。

首先，根据国际货币基金组织（IMF）发布的报告，未来全球的经济发展，特别是欧洲的经济发展将会遭遇前所未有的冲击，将会面临高油价、地缘冲突，以及基础设施和金融投资等方面的挑战。在可持续发展方面，不仅在欧洲地区，在非洲地区及其他新兴发展中国家，包括中国，都表现出前所未有的经济上的挑战。不仅如此，在全球范围内，地缘政治的冲突，还有大国之间的不信任，使得国际合作的基础也受到了打压，联合国的权威受到了前所未有的挑战和冲击。全球化 2.0 将何去何从？是全球共赢，还是形成全球分裂的局面？是继续推动大合流，还是出现一种大的分流的情况？这将会影响联合国 2030 年可持续发展目标的实现，也会影响《联合国气候变化框架公约》，以及《巴黎协定》和人类可持续发展目标最终的实现。

今年对可持续发展目标最大的冲击，就是不确定性的加剧，未来可持续发展的动力基础的不确定，还有全球发生的各种各样灾害，例如地球不断升温，气候灾害等，尤其是气候变化引发的灾害对我们的影响非常大。在这种情况下，要消除不确定性，最重要的就是信任，而信任的基础就是各个层次、各个领域的合作。2015 年，在联合国通过了《巴黎协定》和《2030 年可持续发展议程》的时候，彼时世界主要大国和经济体，都有着非常强烈的合作意愿和信任。

但是 2017 年以后，随着民粹主义、反全球化，还有经济上各种各样极端现象的兴起，对联合国人居议程和联合国 2030 年可持续发展目标的影响都非常大。如何理解、贯彻和推动联合国 2030 年可持续发展目标以及《新城市议程》所强调的包容、可持续发展，实现更有韧性、更安全的城市合作，其实是需要我们更加努力地去推动各个城市的合作，不仅是自下而上，更是自上而下的。

城市合作有三种形式。一种是国际组织，如联合国，世界城市日和《上海手册》，就是联合国牵头下的一种城市合作。一种是城市与城市之间的合作，还有一种是城市内的各种各样的行为体，如城市的企业合作组织、多利益攸关方之间的合作。这种合作在不断地升级、发展，取得了各种各样的成效。

我们可以看到在政府间的合作领域，特别是随着中国推动的金砖合作机制的扩容，在金砖国家内部的城市合作，包括中国和中亚国家、中国和非洲南方国家城市的合作，有了进一步的发展。伴随着全球 20 国集团峰会及其他政府层面的城市合作机制持续深化，上海合作组织、"一带一路"领域的城市合作都有了较为重要的发展。中国与非洲地区基于基础设施互联互通领域的合作，对城市的可持续发展起到了重要的推动作用。

除此之外，城市与城市之间的多边城市合作网络已经发挥了各种各样的作用，不仅仅在于可持续发展本身，还有在和平、社会、人权等各个方面，特别是在发展中国家的民众生活福利方面。这种全球城市合作成为推动和支撑联合国可持续发展的很重要的来源。特别是对于非洲地区而言，全球城市合作不仅带来了卫生环境的改善，人民的生活质量也得到了大幅提升。城市之间的合作，既是一种联合国发展援助系统的补充，同时也有利于相互之间分享知识。人类的知识是不断叠加的，地方性知识的相互借鉴有助于城市各方面合作的发展。

在可持续发展建设以及各方面的城市平台的合作中，最重要的一点是，未来的城市将会以一种新的、更重要的、立体的、多线发展的城市合作方式来应对未来更多的不确定性，实现我们在城市领域发展的共同体。

低碳和多元包容视角下的交通与城市协同发展
——来自中国和发展中国家城市的理论与实践

张 纯
北京交通大学 建筑与艺术学院 城乡规划系副主任、教授

> 本文摘自作者在"建筑绿色低碳技术国际论坛"上的演讲。

1 多领域协同减碳的必要性

2020年9月以来,习近平总书记在国际会议多次强调碳达峰碳中和的目标,当前全球城市的碳排放占比达到了70%~80%,且我国碳排放量占世界总碳排放量的27%左右,城市是我国碳中和的主阵地,但当前规划领域尚缺乏减碳的关键思路,形势迫在眉睫。

当前,交通与建筑领域约占全球碳排放总量的三分之一。据中国环境统计年鉴统计结果显示,交通领域碳排放占全国碳排放总量的10.4%,而城市道路交通碳排放量占交通领域碳排放总量的84%,新能源减碳效果也尚不显著。因此,仅靠单一领域减碳的效果十分有限,要多领域协同减碳才能真正发挥作用。

20世纪80年代彼得·卡尔索普提出了新城市主义规划思想,TOD正是演变于这一思想。TOD思想提出,其构建的高效率的城市结构、集约化的土地利用,提升了城市活力,影响了城市建成环境,其理论内涵符合减碳的趋势:

(1)紧凑开发,减少扩张。交通导向开发(TOD)的设计开发理念可以帮助城市摆脱"摊大饼"式的无序蔓延发展,减少能源消耗过程中的碳排放。

(2)低碳出行,公交导向。以公共交通为导向的发展,鼓励使用公共交通+步行,减少小汽车出行。

(3)功能混合,就近通勤。打造集工作、商业、文化、教育、居住等为一体的混合功能区,缩小职住分离程度,就近通勤。

多尺度、多维度的交通导向开发（TOD）在减碳方面具有重要影响，特别是在社会和环境维度形成了以"建成环境＋通勤行为"的综合影响。在社会维度中，形成基于城市轨道交通站点、公交站点、共享单车停靠点的完备公共交通系统；形成基于轨道交通沿线高强度、多样性交通走廊建设；形成基于城市的高密度、组团式、多元化开发的城市空间结构，引导形成面向站点周边区域的短距离出行需求连接和出行链条；形成面向走廊沿线开放型城市社区的公共交通服务引导和对外非必要出行链；降低面向城市居民的职住平衡达成和长距离通勤需求，协同减碳（图1）。

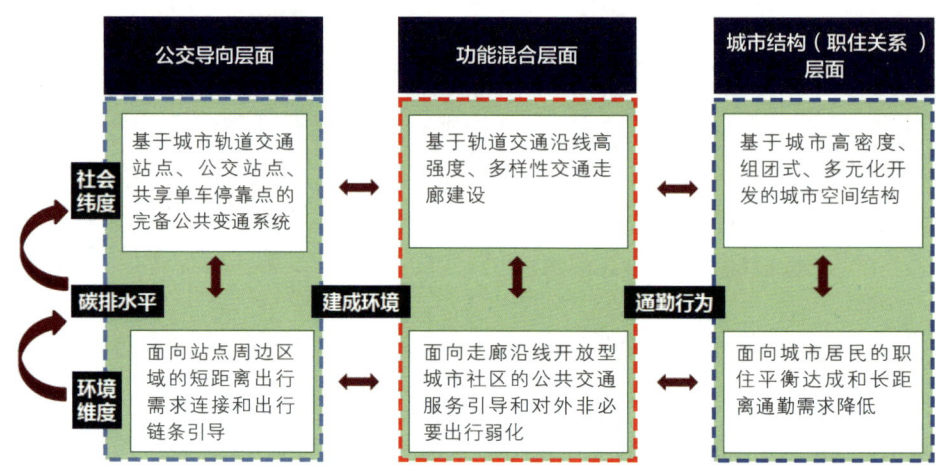

图1 多尺度、多维度TOD模式减碳协同影响关系图
（图片来源：作者自绘）

2 TOD模式与城市减碳

TOD开发模式可以从城市结构的优化驱动运输活动发生有利的改变，引导乘客趋向轨道交通等公共交通方式出行，从而实现生态平衡和节能减排的目标。

在历史数据基础上，TOD模式对发展中国家减碳产生了显著的环境效益，根据雅加达的模拟仿真分析得出结论：TOD引入后，预计二氧化碳排放量能够降低26%，达到350吨的水平，油耗水平平均降低20%。在北京市，与人口分布相比，轨道交通建设后可达性的提升使经济要素进一步集中，轨道交通的建设导致了城市内部就业空间的变化，引发了碳排放水平的变化。对于经济发达地区，随着开发强度的提升，城市交通需求集中分布，匹配完善的高运力公交系统提升了绿色出行的比例。

2.1　紧凑开发，防止扩张——TOD模式下的城市形态对碳排放的影响

中国279个地级市的城市形态对通勤碳排放的影响因素研究结果显示了几个关键影响因素：（1）建成区面积增加和人均城市道路面积增加会引发更多的城市通勤碳排放，随着城市建设区域的扩展和道路面积的增加，通勤碳排放也会相应增加。这可能是由于更多的通勤需求和私人车辆使用增加导致的。（2）提升城市公交供给水平有利于低碳出行选择的增加，城市公交系统的改善可以鼓励居民选择公共交通而非私人车辆，从而减少通勤碳排放。这一发现强调了公共交通在减少城市碳排放中的重要作用。（3）人口密度对不同发展阶段的城市影响存在异质性，通常情况下，人口密度较高的城市可能更容易实施高效的公共交通系统和城市规划，从而减少碳排放。

综上所述，北京这样一个大城市，应当重点关注和控制建成区面积的扩展，尽量减少城市的不必要扩展，以减少对碳排放的刺激；加大对公共交通系统的投入和改善，提高服务水平，鼓励更多市民选择低碳出行方式；考虑北京作为一个高密度城市，可以进一步优化城市规划和交通管理，以提高能效和减少碳排放。

2.2　功能混合，就近通勤——TOD模式下的北京职住空间碳排放分析

从北京市的人口密度分布及其变化来看，城市呈现从向心聚集向外轴向扩散的趋势，人口集中区域与交通基础设施的紧密联系日益显现，特别是近郊区域和就业中心的边缘。2000—2010年间，北京市的就业岗位呈现向城市中心集聚的趋势，形成了以中心城区为核心的就业单中心格局；而2010—2020年间，尽管中心城区的就业中心空间尺度扩大，但局部集中化趋势加强，同时郊区的产业园区和行政中心也逐渐发展成为明显的就业次中心，促使城市就业格局向多中心发展。

2020年，北京市中心城区的常住人口为1 098.8万人，占总人口的50.2%，相比2010年常住人口减少了72.8万人，占比下降了9.5%。尽管人口空间特征发生变化，但职住分离现象并未有效缓解。就业岗位继续向中心集聚，而居民则向城市外围转移，导致市中心以就业为主导和外围郊区以居住为主导的职住不平衡现象加剧。

在TOD模式的影响下，公共交通设施的供给水平对人均碳排放量产生显著影响。公交覆盖率高的区域，人均通勤碳排放量为691 g，显著低于公交覆盖率低的区域的1 499 g，后者的碳排放量是前者的2.17倍。轨道交通可达性良好的小区，其人均通勤碳排放量为977 g，而可达性差的小区则为1 283 g，后者的碳排放量是前者的1.3倍。公交覆盖率高的小区，每公里人均碳排放量为44.1 g，而低覆盖率小区则为65.9 g；轨道交通可达性良好的小区每公里人均碳排放量为50.1 g，而可达性差的小区则为68.3 g。

从职住空间关系变化的角度来看，收入水平是影响通勤行为的重要因素。研究显示，随着收入的提升，通勤距离呈缓慢上升趋势，特别是在收入达到 8 000～10 000 元和超过 15 000 元时，通勤距离有较高的峰值。收入超过 12 000 元后，通勤碳排放量显著增加，这可能与居民更倾向于选择汽车通勤方式有关。

研究团队选取了北京市前门大街两侧的大栅栏社区、草厂社区，以及中心城区外围的天通苑小区进行深入研究。质性访谈显示，大栅栏和草厂社区距离市中心较近，居民的通勤距离相对较短。这些区域的就业密度较高，居民在就业地选择上具有更多的灵活性。常规公交通勤的影响因素包括距离公交站点的远近、步行便利性以及换乘便利程度，通勤者更倾向于选择距离较近的公交站点（图 2）。

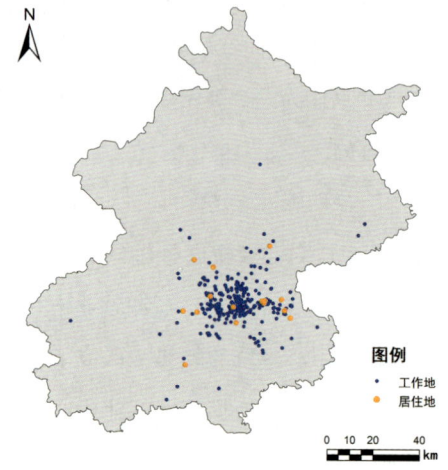
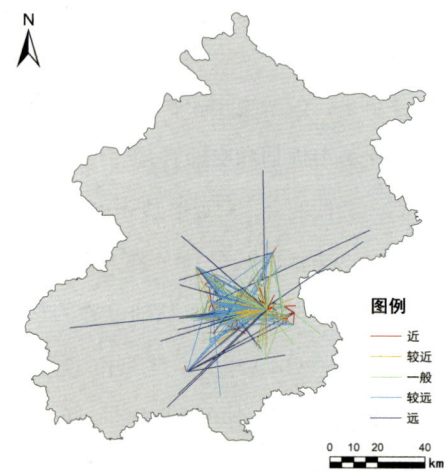

图 2　北京市居民通勤样本的居住地和工作地分布
（图片来源：张纯、宁延豪、梁颖.《城市建成环境对通勤碳排放的影响——以北京市为例》，上海城市规划 2023）

这些发现突显了在 TOD 模式下，通过功能混合和就近通勤策略，可以有效减少城市居民的通勤碳排放，并提升居民的生活质量和就业机会。

2.3　低碳出行，公交引导——包容视角 TOD 对各群体出行带来的影响

在构建人民满意的 TOD 过程中，不仅仅是一种口号，更是一种政策行动。以乌鲁木齐市为例，该市已经建成了七条 BRT 线路，并且规划中的三条地铁线路将覆盖整个城市。乌鲁木齐市居民平均每天的出行次数为 2.47 次 / 人 * 天。从时间消耗来看，非机动车的最短通勤时间为 22 min，而机动车的最长时间为 42.3 min。通勤方式方面，慢行通勤占比最大，出租车占比最小。

引入 TOD 理念后，BRT 沿线以 TAZ（出行分析区）为基本单元的职住比从 2010 年到 2014 年有所提升，显示出快速公交系统对于那些受制于时间和出行成本的人群带来了更多的就业机会。然而，需要注意的是，BRT 对边远城郊地区的影响相对有限（图3）。

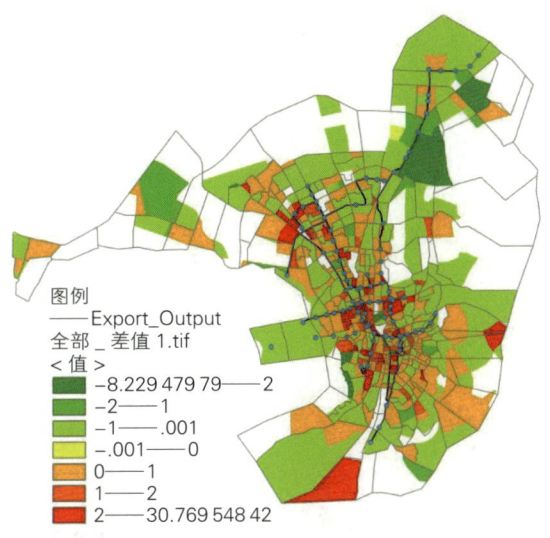

图 3　2010—2014 年乌鲁木齐 BRT 沿线职住比示意图
（图片来源：张纯、程志华、于晓萍、王亚群、沈忱，《乌鲁木齐公共交通基础设施对低收入群体就业的影响研究》，地理科学进展，2020）

3　发展中国家低碳发展的必要性

在柬埔寨金边，私人摩托车和突突车通常使用燃油作为动力来源，这导致大量温室气体和污染物的排放，严重污染了环境。为了减少这些污染物的排放并改善空气质量，金边市政府计划推广公共交通系统。特别是在城市现代化建设和居民出行需求提升的背景下，金边市希望通过实施转型导向开发（TOD）策略，解决长期以来交通限制的问题，同时改善中低收入居民的就业可达性。

然而，尽管 TOD 战略下的常规公交线路有助于提高郊区新建社区与城市中心区之间的可达性，却面临覆盖金边市中最贫困低收入社区的挑战。根据小样本的公交出行和满意度问卷调查结果显示，选择公共交通可以显著降低低收入群体和需要长距离通勤的人的通勤时间，但目前仍有许多低收入和远距离通勤群体未能充分受益。

因此，作为发展中国家，金边市的低碳发展至关重要。通过加强公共交通系统，特别是覆盖低收入社区的策略性扩展，不仅可以减少私人燃油车辆的使用，降低碳排放，还能改善空气质量并提升居民的生活质量和就业机会。这一步骤不仅有助于环境可持续性，也符合全球对于减少碳排放和应对气候变化的紧迫需求。

政府、企业、公众协同推进公交可持续发展

程世东
国家发展和改革委员会综合运输研究所城市交通中心主任

本文摘自作者在"可持续交通与城市的未来"专题论坛上的演讲。

1　城市公交的逻辑

公交最早出现于英国伦敦，刚开始完全为市场化运作，由公众直接购买公交企业的运输服务。随着不断发展，目前大多数国家、城市都认为公交有非常强的公益性，将其列为基本公共服务。由此，整个环节、要素中，除了公众和企业以外，又增添了政府主体（图1）。政府主导确定线路的设置、发车频次、票价及优惠等，同时承担其中的政策性亏损费用。

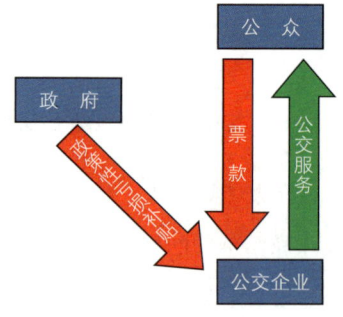

图1　公共交通参与主体及相互关系

2　当前经营困难的原因

当前，公交的财务可持续发展形势非常严峻，是什么原因导致的呢？我觉得有以下三个方面。

第一，成本上升。政府确定的服务标准，如线路的设置、发车频次、优惠对象和力度等，这些年基本没变，但成本，如车辆购买、人员工资、燃油价格、车辆维修成本等都大幅度上升。

第二，收入下降幅度更大。公交收入与票价、客运量两个要素相关。在票价方面，全国绝大部分城市近10年甚至20年，保持较低水平，这是民生或者公益性的体现。票

价没有提高，但客运量大幅度下降。从全国整体来看，常规公交的客运量自2014年起，在接近10年的时间里持续下降，疫情加剧了下降的趋势（疫情只是加速器，没有疫情也会逐步下降）（图2）。2022年的客运量已经降低到最高点2014年的45.2%。

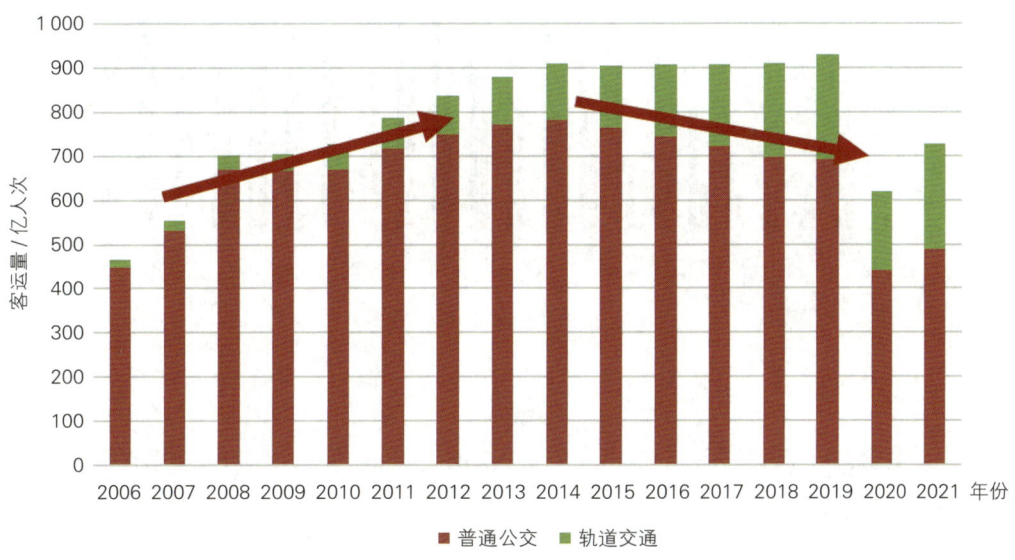

图2　近些年公共交通客运量变化情况

而随着老龄化进程加快，常规公交免票群体和比例快速增长，大部分城市达到40%以上，一些西部中小城市甚至达到了80%。总客运量在下降，其中免票比例在增加，公交票款收入急剧下降。

公交特别是常规公交的客运量快速下降的原因在于以下两点。

首先，地面公交的吸引力和竞争力没有显著的提升。十八大以来，国家层面和地方层面在公交方面做了很多工作，取得了明显成效：公交专用道里程、公交车辆进场率等都大幅度提升，但从公众的便利性、快捷性等方面看，竞争力、吸引力没有显著提升。

其次，外部环境的变化、影响更大。首先是轨道交通运营网络快速增加，吸引转移了部分客流（近些年轨道客运量与运营里程的增加也不成比例，轨道交通的边际效应在递减，也需要高度重视未来轨道交通财务的可持续）。除了轨道交通以外，小汽车快速进入家庭也有较大影响，而影响更大的是电动自行车的快速增长。近20年，电动自行车增长速度比小汽车要快，目前保有量也超过小汽车（图3）。

电动自行车不仅仅保有量多，使用频次也高。某研究报告（与本人调研情况基本相近）显示：在一线城市，电动自行车、小汽车、公交的使用频次基本上平分秋色；在二

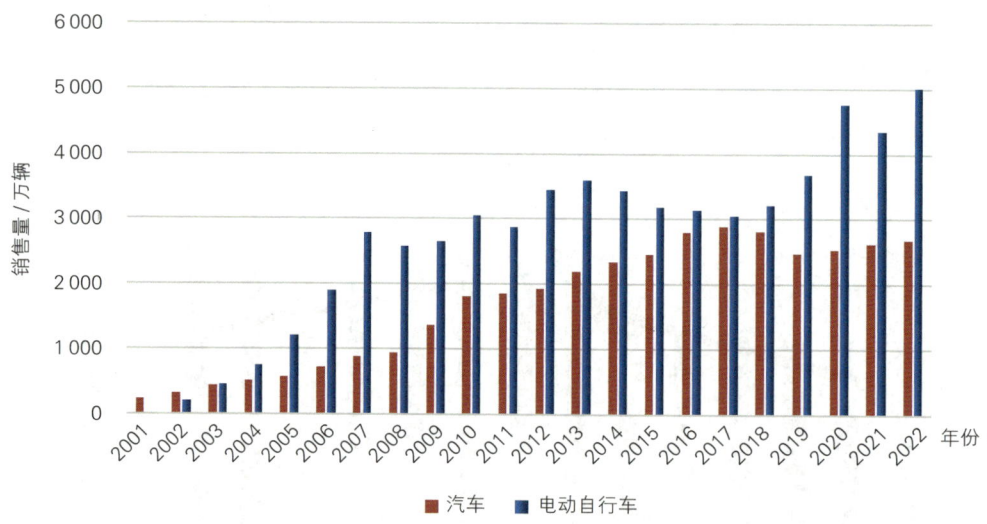

图 3　近些年汽车和电动自行车销售量

线城市，电动自行车的使用频次是小汽车和公交的 1.5 倍；在中小城市，电动自行车的使用频次是公交的 2.5 倍，是私家车的 3 倍（表 1）。

表 1　不同类型城市出行分担率

城市类型	私家车	公交	电动自行车	步行
一线城市	21.8%	29.4%	24.6%	24.2%
二线城市	20.7%	22.4%	30.1%	26.8%
中小城市	14.6%	15.5%	37.5%	32.4%

个人认为，常规公交客运量下降，轨道交通、小汽车、电动自行车的吸引影响是主要原因，自身的吸引力和竞争力不足是次要原因，二者影响比例为 3∶7。研究我国城市交通发展时，必须正视电动自行车的问题，不能视而不见，思考未来 10 年乃至 20 年后电动自行车会是什么状态，应该如何管理和引导。

第三，回到公交经营困难的原因，除成本增加、收入大幅度下降之外，还有一个因素，就是政府补贴减少。在 2019 年以前，中央层面油补和新能源车的补贴力度比较大。2019 年中央政府的补贴大幅度减少后，地方和城市政府没有把主体责任落实到位。北上广深等城市政府对公交补贴力度比较大、比较到位，但全国层面来看，绝大部分城市政府实际上没有多少补贴。国家补贴减少，公交企业能够享受到的政府补贴就非常少。成本在增长，票款大幅度下降，补贴跟不上，公交企业的财务可持续性就很难维持。

3 实现可持续发展的途径

未来公交的可持续发展的路径要围绕以下几个要素：

一是要降成本。政府应适当调整城市公共交通服务标准。应该把公交纳入国家基本公共服务的范畴，各个城市根据自己的财力，确定自己的标准。服务标准要从客流的角度考虑，也要跟财力相匹配。现在客流量都不及2014年的一半，客流量大幅度下降，发车频次可以稍微降一下。当然还要保证一定的频次，保障服务水平、服务品质。车型小型化可以适应客流下降、一定程度上保障发车频次。车型小型化、人员成本和管理等从理论上来讲，应该是公交企业自己的事情，政府可以提出要求和指导。

二是要增加票款收入。首先是票价。我们常说公交票价要"居民可接受，政府可承受，企业可持续"，三者之间必须要保障的是企业可持续，作为一个企业必须要财务可持续，盈亏平衡且有一定的收益。在企业可持续不能动的条件下，公众和政府如何平衡？很多时候两者很难兼顾。对公众来说，票价越低越好，但政府是否可承受？我国绝大部分城市公交票价近20年没变，应当在一定程度上提高票款收入。

提高票价会不会导致老百姓不坐公交？老百姓坐不坐公交，票价是其中一个影响因素，而主要影响因素是速度、时间和可靠性。大城市地铁票价比公交高但很多人坐，就是因为速度快、准点。要围绕速度、可靠性、便利性提高常规公交的吸引力和竞争力，包括必要的公交专用道、更便利的两端接驳等。未来要考虑如何在财务可持续的基础上不断提升公交的吸引力和竞争力。

三是公交企业充分利用自有资源提高收益。公交企业最大可以增收资源是土地。土地综合利用开发可能受到土地政策制约，同时需要较长时间、不能马上见效，现在还受房地产市场形势的影响，土地开发价值没有原来那么高。其他的还有定制公交、广告、加油站、加气站、维修服务等。定制公交，如通勤商务班车等，应该市场化。普通公交是基本公共服务、公益性的，但公共交通中也有完全市场化的内容，就是定制公交，整体是公益性+市场化相结合。

四是政府补贴必须要足额、及时到位。政府确定的服务标准，包括优惠力度、优惠群体，就必须足额补贴。不能是政府承诺对60岁以上老人免费，让企业买单。

政府确定服务标准、补贴力度后，如何确定政策性亏损是个难题。比较成熟的做法是成本规制，以深圳为代表，探索了很多年。成本规制是目前比较有效的方式，但也有缺陷，它很难把企业的管理效率激发调动起来，包括雇多少人、工作效率、组织效率等很难去激发和改善。可以探索尝试一定竞争条件下购买服务的模式。美国航空航天局原来发射卫星也是采用成本规制，成本很高、周期很长。马斯克跟美国航空航天局提出，按照最终服务结果付费：送多少吨货物上天给多少钱，这是竞争机制或者市场机制。这是一个减少政府补贴或者是更好弄清楚补贴力度的有效方式。这需要有不同的市场主体，特别是民营主体。公开透明的政府补贴和考核制度非常重要。现在很多政府对民营企业不敢补贴，就是因为制度不够公开、透明，如果给民营企业补贴，就会顾虑是否存在利益输出，国有资产流失等问题。因此，建立公开透明的补贴和考核制度非常关键。

4　中央政府应加大支持

公共交通具有很强的地域性，城市人民政府负主体责任，中央政府应该也有一定责任。基本公共服务中的教育、医疗，从公共服务均等化的角度，中央政府有一定责任，现实也是如此，中央政府在这些基本公共服务中有支出。公共交通是绿色低碳的出行方式，是交通运输领域重要的减碳举措，为实现双碳目标做出了贡献，这是超出地方、区域城市的范畴，也是一个国家乃至全球层面的事情，中央政府应该予以一定的财政支持。

从实践层面来看，不管美国还是欧洲等国家和地区，中央政府对城市公共交通都进行了补贴，包括公共交通的建设和运营。我国的实践也证明，中央层面的支持非常有效。2019年以前中央政府的油补和新能源车补贴，总额度并不是特别大，大约三四百亿的规模，相当一部分中小城市就靠这些国家的补贴（城市层面没有补贴），让公交可持续运营下去，国家补贴发挥了重要的作用。相对于全国每年几万亿元的交通基础设施投资，如果转变交通发展方式，从设施建设到运输服务，拿出其中两三个百分点，就可以比较好地保障公交的财务可持续。中央政府和地方政府的责任划分是个很大的话题，跟财税制度密切相关（图4）。

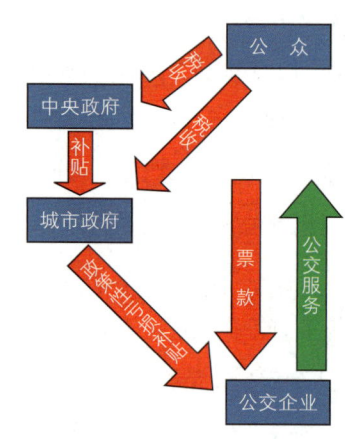

图4　央地各级政府与企业、公众相互关系图

从现实的角度看，当下地方政府财政非常紧张，中央政府拿出一定的资金去支持城市公交非常必要。中央政府对于建立稳定的资金支持渠道，建立清晰透明的发放与考核机制，应该予以研究和考量。

加速城市"碳中和",国内外实践经验

薛露露
世界资源研究所(美国)北京代表处中国可持续交通项目总监

> 本文摘自作者在"2023年世界城市日'城市环境'主题论坛暨第四届上海国际城市家具高峰论坛"上的演讲。

城市是人口和经济生活的重要载体,城市也是碳排放的主要贡献来源,根据统计数据,城市贡献了我国80%以上的能源活动相关的碳排放,未来随着人口增加,城市化进程的进一步推进,城市将是实现双碳目标的主战场。

事实上,城市也有望成为国家双碳工作的引领者,早在2010年,国家发改委出台了低碳城市试点工作,提出了81个试点城市要在2030年实现碳达峰,这个时间早于我国双碳目标提出的时间。

根据世界资源研究所(world resources institute,WRI)模型分析来看,中国城市非常有望在2050年实现"碳中和"的目标,特别是在现有的技术水平下,包括电力可再生能源技术、交通新能源汽车技术等,中国城市有望在2050年实现50%的深度碳减排。既然技术已经不再是城市实现中长期深度减排的主要阻碍,政策制定上如何确保中国城市能够实现中长期减排目标呢?为了回答这个问题,WRI利用一年的时间开发了城市气候圈数据平台,平台汇聚了全球1 000多个城市低碳发展的目标设置、城市的低碳政策的制定,我们也定量分析了城市低碳发展的现状水平,希望这个平台能够作为决策者在气候目标制定和行动制定上的参考依据。

首先,从城市低碳目标的设置上来看,我们对于全球1 000多个城市是否已经设立了"碳中和"目标,以及"碳中和"目标的时间进行了系统的梳理。整体来看,全球有209个城市已经出台了城市的"碳中和"目标,这些城市主要集中在发达国家城市,70%以上的发达国家城市已经设立了"碳中和"的目标,但是值得指出的是,"碳中和"

的目标并不是发达国家城市特有的专利，根据统计来看，全球已经有84个发展中国家城市已经提出来"碳中和"的目标，占全球已经提出"碳中和"城市的半数，包括巴西的圣保罗、墨西哥的墨西哥城，也包括非洲的城市，如尼日利亚的拉各斯。

从城市"碳中和"目标的时间上来看，全球城市"碳中和"的目标时间主要集中在2050年，但是也不乏发达国家的城市对于城市"碳中和"的目标要早于2050年，特别是欧洲的城市。超过1/3的欧洲的城市，"碳中和"目标时间是早于2040年（图1）。

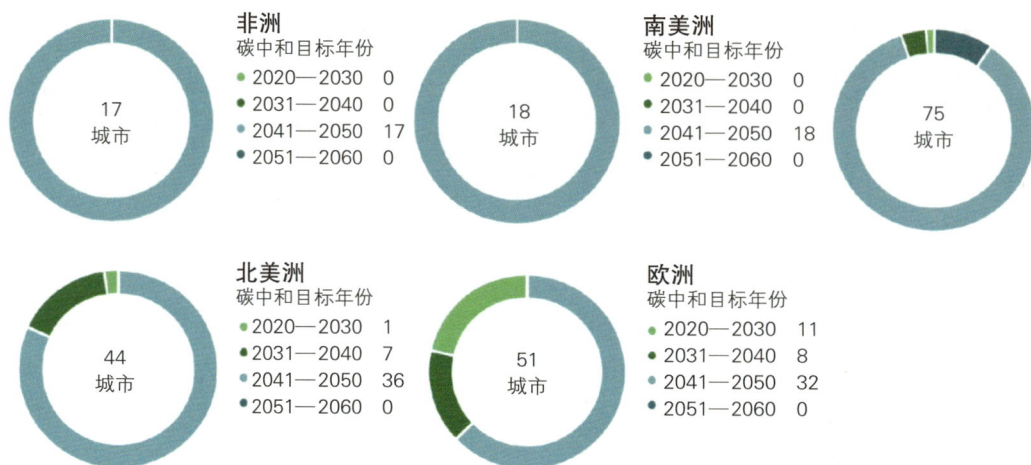

图1 城市碳中和目标的时间

将城市"碳中和"的目标时间和国家"碳中和"的目标时间进行比较，从全球视角来看，城市"碳中和"目标时间和国家"碳中和"目标时间基本一致，可以看出是自上而下、层层分解的模式。唯独有一个例外就是欧洲的城市，欧洲的城市碳中和目标较国家碳中和目标提前了10～20年。

除了"碳中和"目标的设置以外，我们也定量分析了城市的低碳发展现状，特别是国内外城市低碳发展有何差异，中国城市哪些方面有待于改进。

首先要确保的是城市之间具备一定的可比性，中国有600多个城市，城市的大小、经济发展阶段完全不一样。从碳排放的角度来看，中国城市有生产型城市，比如唐山、宁波，产业结构、经济结构、碳排放结构以工业和电力为主，除此之外，还有消费型城市，比如北上广深，其产业结构以服务型为主，碳排放主要是以交通、建筑为主。不同类型的城市差异非常大，这意味着城市之间的低碳发展路径差异也非常大。

我们根据城市的产业结构将城市分成工业型城市、农业型城市、服务型城市。从四个维度进行分析：低碳生产、低碳消费、低碳环境、低碳进程，根据不同的指标、权重，最终计算出一个城市的低碳发展的总分，从城市低碳发展的总分的分析结果来看，国内外城市都有一个趋势，即服务型的城市的低碳表现更好一些，优于工业和农业型的城市，这意味着城市如果要实现低碳发展，经济结构调整，产业结构升级将会是一项非常重要的措施。

服务型城市之间、工业型城市之间也各自存在一定的差异。比如在我国的服务型城市中，超大型城市的低碳发展表现要优于二三线城市。在工业型城市中，沿海发达地区的城市，如佛山、东莞的表现要优于其他城市的表现。每个城市都不一样，因而城市的低碳发展策略需要因地制宜。

将中国城市的低碳发展的表现总分和国际城市进行系统对比，从整体看，中国城市在全球具有一定的低碳竞争力，但在低碳生产（城市电力与工业减排）、低碳环境（森林覆盖率与空气污染治理）方面还有提升空间。

有了"碳中和"目标、发展现状以后，城市往往需要制定相应的低碳政策，我们对全球12个城市进行了系统的梳理，全球城市对于低碳发展的政策重视度越来越高，在过去10年中，全球12个城市出台了接近100份政策，覆盖了很多重点领域的方方面面，60%的政策是在2017年及以后发布的，说明全球城市对于低碳发展的重视度与日俱增。

从低碳发展政策的行业覆盖度进行分析，这些低碳城市的发展政策主要集中在废弃物管理、能源和水务公用事业、地方政府运营三个方面，相对薄弱的方面是城市层面的倡议、建筑政策、交通政策、绿色金融领域。低碳发展政策的行业覆盖度比较低的城市里有前文提到的欧洲城市，这意味着城市不仅要有比较激进的"碳中和"的目标，也要有更为激进的政策来确保实现目标（表1）。

在12个城市中，排名第一的是伦敦，伦敦的低碳发展政策的特点是，不仅覆盖行业很广，而且单一的政策也非常有力度，特别是在交通和建筑领域，比如伦敦提出2025年在城市中心区设置交通的零排放区，限制燃油小汽车进入，允许新能源小汽车进入，这对推广新能源汽车的政策有很大的影响。此外，伦敦提出2030年全市域范围内的供热系统要实现减排，最终在2050年实现交通和建筑的零排放，这项政策是多个政府部门制定的，但具有很高的协调性、一致性。这意味着城市如果要实现低碳发展，跨部门的沟通和协调是一项非常重要的事情（图2）。

城市如果要实现低碳发展，要加快建设和完善数据体系，要因地制宜地制定气候减排的目标，科学地制定低碳路线图和行动方案，以多元手段保障行动方案的落地实施。WRI长期以来一直致力于搭建全球城市低碳发展信息平台，也致力于和中国城市一道携手，利用我们的研究优势和数据支撑中国城市实现低碳和可持续发展。

表 1 12 个城市气候政策覆盖度评估结果

城市	城市层面的倡议	建筑政策	交通政策	绿色金融	废弃物管理	能源和水务公用事业	地方政府运营
伦敦	较高	高	高	中等	高	高	高
上海	高	较高	较高	高	高	高	高
深圳	高	较高	较高	高	高	高	高
新加坡	较高	较高	较高	高	高	高	高
纽约	中等	较高	较高	高	高	高	高
洛杉矶	较高	较高	较高	中等	高	较高	高
哥本哈根	高	中等	高	高	高	中等	高
约翰内斯堡	较高	高	中等	高	较高	中等	中等
桂林	中等	较高	高	较高	高	较高	高
圣保罗	较高	较低	较高	较高	高	较高	中等
墨尔本	中等	中等	中等	中等	高	较高	高
墨西哥城	较高	较低	中等	高	较高	中等	高

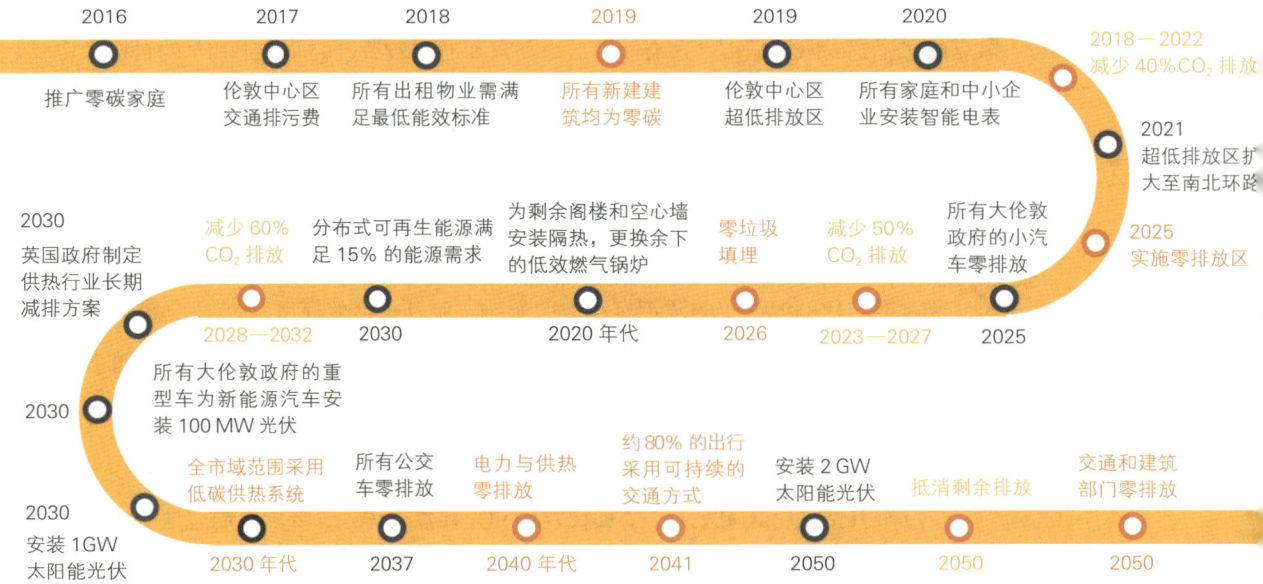

图 2 伦敦"碳中和"路线图

充分发挥碳市场重要作用,汇聚各方力量助力城市绿色转型

刘 杰
上海环境能源交易所总经理

本文摘自作者在"绿色发展和可持续发展投融资论坛"上的演讲。

世界城市日是联合国设立的首个以城市为主题的国际日,也是首个由中国政府发起的国际日。今年中国主场活动主题是"汇聚资源,共建可持续的城市未来",为推进全球城市构建美好且可持续的生活,提供开放共享的交流平台。非常荣幸能够受邀参加本次论坛,与来自金融、环境、科技等核心领域的各位专家共同探讨和分享,减排机制如何在城市绿色转型过程中充分发挥其支撑作用。

城市是人类经济社会活动的中心和主要的空间载体,也是温室气体主要的排放源。据相关调研数据显示,我国70%的碳排放来自城市活动,预计到2030年,这一比例还将升至80%,因此推动城市节能减排、全民绿色降碳,逐步形成绿色低碳生产生活方式,对助力我国碳减排工作,推进碳达峰、碳中和目标具有重要意义。

2020年9月22日,我国在第七十五届联合国大会一般性辩论上首次宣布30年碳达峰、60年碳中和的承诺,以此为目标,出台《关于完整准确全面贯彻新发展理念做好碳达峰碳中和工作的意见》《2030年前碳达峰行动方案》,作为"双碳"工作的纲领性文件,指导各省、各行业、企业制定基于发展实际的碳达峰碳中和行动方案,初步形成"1+N"双碳政策体系。上海市积极落实国家政策,扎实推进本市碳达峰工作,于2022年7月出台了《上海市碳达峰实施方案》(以下简称《方案》)。《方案》围绕能源绿色低碳转型、节能降碳增效、城乡建设、交通建设等10个方面细化重点任务,系统推进本市碳达峰工作。其中针对节能降碳增效、绿色交通、循环经济、绿色低碳全民行动等领域,《方案》提出要"全面提升全社会能源利用效率和效益""积极引导市民绿色低碳出行""建

立循环型社会，全面巩固生活垃圾分类实效……打造全国垃圾分类示范城市""增强全民节约意识、低碳意识、环保意识，大力倡导简约适度的消费理念，全面推行文明健康的生活方式，形成全社会自觉践行绿色低碳的良好氛围"，旨在从城市的生产生活出发，构建多主体、宽领域、多互动的区域环境治理体系。

1 推进区域环境协同治理，从机制建设、机制创新、机制保障等多方面、多角度入手

一是，建立长效机制，提高资源配置效率。加强碳市场交易、排污权交易等市场化机制建设，优化激励约束机制，有效管理环境要素和指标，提高资源配置效率；整合各方资源加大投入，激发社会内生动力。

二是，特别重视具有跨领域、综合协同效益的市场化机制创新。如：探索碳普惠机制建设，聚焦循环经济发展、资源回收利用、垃圾分类处理等方面，推进建设绿色无废城市；积极开发林草农田碳汇，巩固提升生态系统碳汇能力，着力打造美丽乡村、生态乡村形象；重视节能改造、绿色出行、无纸化消费和办公等公众生活方式的转型，纵深推进节能低碳城市建设；鼓励社会公众积极参加碳中和实施活动，逐步提升全社会的低碳环保社会责任意识；立足绿色金融发展路径，创新多元碳金融服务，引导社会资本流向绿色低碳项目或活动，强化对全链条的区域环境管理服务体系的支持力度。

三是，突破机制发展瓶颈，释放创新动力。厘清制约区域环境治理和经济社会高质量发展的体制机制障碍，立足实际，努力破除发展阻碍；不断增强区域协调和创新引领能力，扎实推进机制改革创新，提高跨部门联动协作和资源配置效率，充分释放合力效应，推进城市绿色低碳转型。

2 建立碳普惠机制，构建多层次的碳市场体系，推动全民降碳

我国高度重视生态文明建设，积极倡导绿色低碳生活，鼓励建立一种"多元参与、良性互动"的环境治理体系。目前，各地都在积极探索低碳权益创新，探索建立"碳普惠式"的减排机制。

碳普惠是一种面向全民的减排激励机制，是生态价值实现的一种创新模式。在设计和运行过程中，碳普惠既强调环境效益，也注重普惠性，通过纳入中小型减排项目和公众场景，结合交易变现、政策支持、商业奖励等方式，引导社会公众积极参与减排，滴水成海，聚沙成塔，汇聚多力量共同构建绿色低碳的社会氛围。

作为多层次碳市场的重要组成部分，碳普惠聚焦衣食住行用等贴近公众生活的减排领域，汇集了"小、杂、散"的减排行为，例如，分布式可再生能源开发与利用、资源循环使用、绿色低碳出行、农业减排或碳汇等，拓展了国家及地方对城市发展过程中的碳排放管理范围，逐步探索全方位、多领域、深层次的绿色减排。同时部分地区引导碳普惠减排量通过配额履约抵消机制进入本地碳排放交易市场，为强制配额市场提供有力补充，进一步激活碳市场活力。

目前，我国在碳普惠机制在顶层设计、管理运营等方面以区域自主探索为主。碳普惠发展呈现"点面结合"的趋势，已有11个省、23个市/辖区、1个自治区、3个县/园区，正在积极建设落地碳普惠机制。例如，上海市早在2019年开展碳普惠机制的研究工作，2022年11月，上海市生态环境局等八部门联合印发《上海市碳普惠体系建设工作方案》（以下简称《工作方案》），提出要积极探索建立区域性个人碳账户，打造上海碳普惠"样板间"；基于《工作方案》，我市又起草了《上海市碳普惠管理办法》及配套实施细则，也于今年9月正式公布，为上海市碳普惠体系的运行与发展提供指导和技术支撑。

随着碳普惠机制建设的拓展和深入，各地在强化激励力度、提高碳普惠可持续运行能力方面，仍有探索和优化的空间。一是，碳普惠激励方式将更加多元化，持续丰富激励方式和产品，进一步调动公众减排积极性，如：支持减排量交易变现、自愿碳抵消，提供荣誉激励，丰富可供兑换的权益商品或服务品类，强化碳金融衍生产品创新，提高碳资产价值等等；二是，碳普惠机制宣传力度有待加强，社会各界对碳普惠的认知度和接受度仍有提升空间，通过优化宣传推广策略，整合线上数字媒介、线下公民互动活动等传播途径，提升公众对碳普惠机制的认知和关注；三是，企业参与的成本经济效益有待提高，碳资产收益存在不稳定性，短期内难以覆盖参与成本，通过推进碳金融创新、鼓励机构设立碳普惠基金等，为碳普惠参与主体提供碳金融服务，引导社会资本流向减排活动，增强资金支持；四是，政策指导、数字化管理水平有待加大，由于缺乏上位法和统一的政策指引，各地碳普惠机制的建设和推进效率受到影响，同时数字化、信息化水平也是影响碳普惠机制平稳运行、有效管理的关键因素之一，通过不断完善机制标准设计，为指导和规范市场参与行为提供支撑，提升机制的科学性、严谨性、合理性。同时，通过引入区块链技术，提高碳普惠的信息化、数智化、安全性管理，保障机制平稳有序、安全有效运行。

3　在强制减排市场方面，强调"自下而上"的全球气候多层治理新模式

早期《巴黎协定》强调"自下而上"的全球气候多层治理新模式，各国、各地参与自主减排、部署高质量发展目标和任务，逐步成为当前缓解气候变化问题的热点之一。

通过强制碳配额履约要求，结合市场供需机制，优化资源配置，促进产业结构调整、绿色低碳技术创新，倒逼城市重点排放单位推进减排工作。同时释放有效价格信号，引导要素资源流向绿色减排活动，支持企业绿色低碳转型。

我国自 2013 年启动碳市场试点建设工作，截至目前共有 9 个地方碳市场试点，经过十多年的发展，已呈现全国碳市场与区域试点市场同步发展的局面。我国稳妥推进强制碳市场发展，积极参与国际自愿减排机制，为了进一步扩展温室气体减排的领域和范围，搭建多层次的碳市场体系，我国逐步探索自愿减排市场建设，由此国家核证自愿减排量（CCER）应运而生。CCER 鼓励社会主体采取减排行为，参与减排项目建设，有效降低温室气体排放。另一方面，激活市场交易活力、推进碳金融衍生品创新、支撑行业产业加速推进绿色低碳转型。

总的来说，以"CCER"和"碳普惠"为主的国内自愿减排机制，是一种节能减碳的新兴长效激励措施，是强制碳市场的有力补充，多层次碳市场结构的重要组成部分。各地区在推进城市发展的同时，也应积极响应国家碳达峰、碳中和目标，不断优化产业及能源消费结构、提高节能降碳增效能力，鼓励行业企业优化运营模式、创新业务模块，引导重点排放单位保质保量完成强制减排任务，鼓励社会公众踊跃参与自愿减排市场，让我们城市中的你我他广泛深入参与绿色减排活动，有效推进城市化建设与生态环境质量提升的协调发展。

第二章
Chapter 02

城市治理与韧性发展

未来城市与交通系统的交叉学科研究

张峻屹
东南大学（交通学院）首席教授、国家级人才计划
入选者、日本工程院院士

> 本文摘自作者在"可持续交通与城市的未来"专题论坛上的演讲。

未来城市发展充满了挑战与机遇，同时也伴随着许多不可预测的因素。作为城市重要的组成部分，交通系统的发展必须与城市紧密结合。城市与交通系统构成一个内外关系错综复杂的整体，涉及多个学科领域。为了科学地理解城市与交通系统之间的互动关系和整体发展，需要进行深度的交叉学科融合。

1 交叉学科研究

交叉学科研究和多学科研究有着明显的区别。多学科研究是指来自不同学科的人共同协作，各自运用自己学科领域的知识来研究同一个问题，通常被称为加法式研究，即简单的1+1=2效果（multidisciplinary）。而交叉学科研究利用来自不同学科的相互作用，形成一个"1+1 > 2"的知识整合（interdisciplinary），其终极目标是从超越单一学科的视角，建立跨学科的一体化知识框架，创造出一种新的综合知识体系（transdisciplinary）。

2 未来发展目标的思考：harmonized development goals（HDGs）

作者长期致力于以交通为核心的交叉学科研究，探索交通与城市、生活、能源、环境、旅游、健康等的交织关系。研究成果佐证了这些因素之间存在复杂的相互影响关系和因果关系。在全球城市化加速、环境和资源消费问题日益严峻的背景下，交通与城市化之间的复杂关系的理解变得更为重要。在城市与交通的长远规划中，视野不应局限于国家范围，而需要拓展到全球层面，结合全球的可持续发展目标（SDGs），确保设计出

能够适应和改善人类生活质量的城市与交通融合系统。未来城市与交通系统的多学科交叉融合研究方法不仅有助于理解面临的挑战，还能从全新的视角提供创新的解决方案，以应对未来城市发展中的挑战和动态变化。

在当今世界局势日益不稳定的背景下，我们需要认真思考后 SDGs 时代的世界应该朝着何方向发展。自 2015 年以来，"星球健康（planetary health）"的概念引起了广泛关注。星球健康指的是"人类文明的健康和其所依赖的自然系统的状态"（Whitmee et al.，2015）。然而，用"健康"来描述未来全球发展方向存在一定的局限性。考虑到全球社会健康发展的重要性，作者建议将星球健康定义为个体、社会和自然之间的协同健康（co-health）。这样一来，概念的含义变得更为广泛，涵盖了人类与自然系统之间相互作用的综合影响。然而，尽管如此广泛的定义能够更好地理解星球健康的内涵，却也无法完全表达出解决全球多样问题的具体发展目标。

此外，在思考未来发展方向的时候，不仅需要关注国际潮流，还要专注于解决各国特有的问题和发展模式。这意味着我们需要进行深入思考和创新，探索更为广泛的未来发展目标。考虑到地缘政治、区域冲突以及文化冲突等全球风险的广泛和深远影响，作者大胆提出下一个全球发展目标应该是 harmonized development goals（HDGs），即和谐发展目标，强调从可持续发展向和谐发展的思维范式转变的重要性（Zhang，2020）（图 1）。HDGs 主张在经济增长、社会进步、环境可持续性和文化多样性等多个维度的发展方面实现平衡和协同，促进国家和利益相关者之间的相互理解与合作，从而推动全球范围内的和平共处和共同繁荣。基于此目标的理念，传统上对发达国家和发展中国家的分类也值得重新思考。我们是否应该将世界各国分类为不同和谐发展程度的国家（比如，well-harmonized country vs. less-harmonized country）。因为现在 GDP 已经不能全面描述各国的发展现状，收入水平并不能完全反映一个国家发展质量的高低。当然，相比基于 GDP 的国家分类，定义和谐发展程度的分类更具挑战性和复杂性。

图1　未来发展目标

3　未来发展科学的思考：harmonized development science

事物或现象的本质是"变化"。因此，所有事件和发生都是暂时的。当达到"可持续"的状态时，接下来总是会出现"不可持续"的状态。相对而言，"和谐"是一个动态过程，能够在"可持续"状态和"不可持续"状态之间保持平衡，认识到这两种状态不断交替（图2）。"和谐"还指的是在解决问题事件的解决方案与实施解决方案所带来的副作用之间寻求平衡，或者在多种解决方案之间寻求平衡。总而言之，"和谐"不是一个状态，而是通过将多个元素平衡成为一个有机整体的动态过程。"和谐"是一个超越可持续性的概念，涉及包容多样性和减少冲突的转变过程，确保万物的动态平衡（即非还原主义思维）。

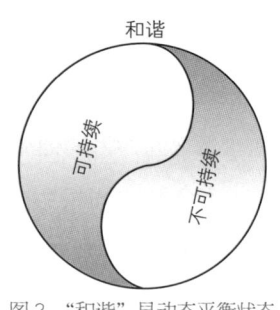

图2　"和谐"是动态平衡状态

从和谐发展的角度来看，人类社会和自然界都是由多个元素组成的复杂系统，这些系统具有共同的过程和机制，形成了集体行为，这些行为源自个体行为。人类系统是自然系统的一部分，而自然系统对人类系统是不可或缺的。这表明这两个系统是相互作用的，不能分开对待。换句话说，有必要全面把握人类和自然系统的一切。此外，由于人类与自然系统之间的相互作用，没有反映这些相互作用的一致性理论的支持，就无法正确理解人类和自然系统的任何一个。作者把具有以上特性的科学体系称为和谐发展科学（harmonized development science）（Zhang，2020）。和谐发展科学的研究旨在应对全球社会未来的发展变化，探讨如何与这些变化共生。

4　未来城市发展新理念：HEARTY City

未来城市的发展应综合考虑城市的共性和特性，科学地整合各种发展理念。不同的城市面临着独特的挑战和发展需求，因此，未来城市的发展定位不应是单一的，而是多维度的。在确定发展策略时，需要根据具体的城市特点和面临的问题，综合运用各种发展理念，以实现城市的全面发展和长期繁荣。

作者认为未来需要构建HEARTY城市（Zhang，2024a）。这里，"H"代表健康城市（healthy city）。健康城市的理念能够关注城市居民的身体健康和心理福祉。通过改善空气质量、推广健康生活方式、提升医疗服务等方式，创建一个有利于居民身心健康的城市环境。"E"指的是生态城市（eco-city）或节能城市（energy-saving city），注重生态平衡和资源利用效率。通过生态规划、城市绿化、水资源管理等措施，保护自然生态系统的同时，提升城市的生态品质和可持续发展能力。"A"代表人工智能驱动城市（AI-driven city），即智慧城市。其利用人工智能等技术优化城市管理和公共服务，提升居民的生活质量和城市运行效率。"R"表示韧性城市（resilient city），致力于提高城市在面对自然灾害、经济挑战或社会问题时的适应能力。韧性城市强调建设弹性基础设施，推广灾害管理和风险减轻措施，以保障城市的可持续发展。"T"代表旅游城市（tourism city），旅游城市是一个具备吸引力、多样性和活力的城市，能够吸引大量游客，同时要面对管理和平衡旅游发展带来的各种影响和挑战。"Y"指的是向往之城（yearning city）。向往之城是一个注重自然、文化和社会发展平衡的城市，通过其独特的吸引力和优美的生活环境，激发居民对城市的深切向往和强烈情感，从而形成其独特的城市形象和品牌（图3）。

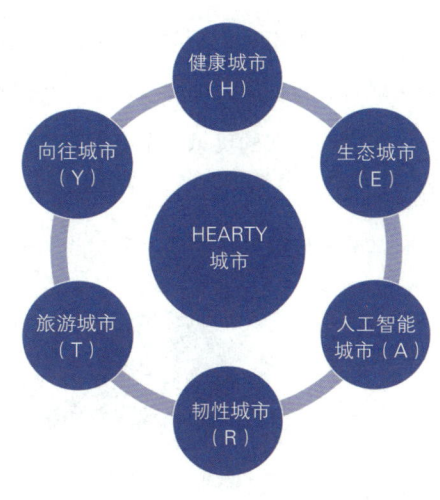

图3　HEARTY城市

上述六种类型的城市理念是相互关联的，存在着矛盾和共赢互利之处。比如，在人工智能驱动的城市（A）中，数字网络的中断可能会削弱其韧性（R）。建设具有韧性的城市（R）可能会无意中损害城市的自然美景，减少其被珍视的向往或深切渴望（Y）。生态城市（E）的目标可能与人工智能驱动的城市（A）支持的经济目标发生冲突。此外，在旅游城市（T）中，如过度旅游等问题可能会减弱城市对宁静和和谐的向往或渴望（Y）。再者，在一个城市里整合这些城市理念可以产生共赢互利效应。人工智能驱动城市（A）可以提升其基础设施的韧性（R）。在构建具有韧性的城市时需要优先考虑自然友好的解决方案（R），可以保护城市的原始景观，增强人们对保留自然魅力的向往或强烈愿望（Y）。生态城市（E）与人工智能的整合可以和谐共存，前提是它们要与自然有机地整合在一起。向往之城（Y）可能会吸引更多游客，将其转变为充满活力的旅游目的地（T），而过度旅游问题可以通过人工智能驱动的解决方案得到缓解（A）。最后，通过减少依赖新建筑来创建健康（H）和向往城市（Y），可以协助生态城市的实践（E）。

5　未来城市发展新科学：Urbanimmunology

对于理解城市与交通系统的复杂性，作者强调技术创新与理论创新的结合。技术的进步依赖于坚实的理论支持，而新的理论创新则是未来发展的基石。在这里，作者大胆提出城市免疫学（urbanimmunology），它是一门理解城市通过抵抗干扰和适应干扰来保护自己的能力，制定有助于城市提高免疫水平的应对措施的能力，从而演变成一个有韧性的系统的能力的新学科（Zhang，2024b）（图4）。城市免疫学是免疫学与城市学的交叉融合，旨在深入理解城市，并提升城市对各种挑战的适应能力。城市免疫学根植于对城市发展实践的反思：应记住曾经的教训。尽管我们积累了许多优秀的理念和实践经验，但常常仅仅试行一阵便回到原点。城市发展不应只是短暂的改变，而是需积极吸收、消化和传承良好的理念和实践，方能确保城市的可持续性和对环境变化的适应性。

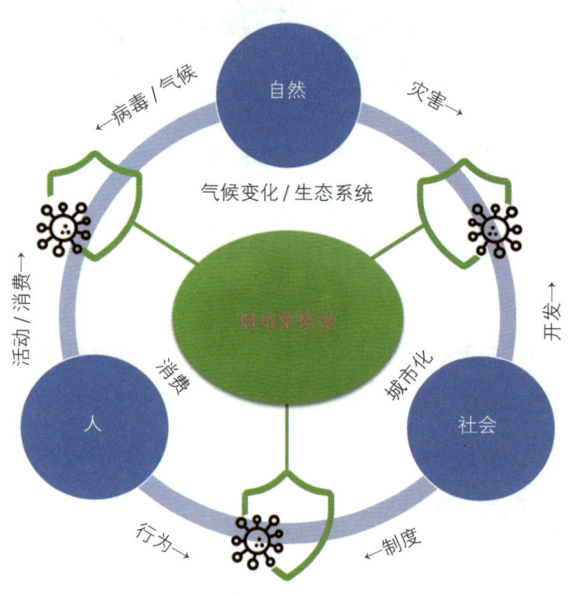

图4　城市免疫学

图5　DIRECT方法论

在疫情期间，作者从人体免疫学中得到灵感，提出了一种适用于一般政策的过程管理方法论，即DIRECT方法论（detect、inform、react、enforce、collaborate、transfer）（张，2021；Zhang，2022）。这种方法论的巧妙之处在于其与人体免疫系统中各种淋巴细胞等组成部分的作用有着惊人的相似性（图5）。

- detect（D）：通过学习上皮细胞和吞噬细胞 TLR（Toll 样受体）的作用，始终检测城市中是否存在异常（城市问题就是侵入性病原体）。
- inform（I）：通过了解吞噬细胞产生的淋巴细胞激活的 T 淋巴细胞的作用，告知城市免疫系统检测到的异常。T 淋巴细胞是在胸腺中被选择并分级的淋巴细胞。大多数毕业淋巴细胞不会将自己误解为敌人，并且具有准确识别敌人的能力。
- react（R）：负责城市元素的利益相关者通过学习专门用于入侵病原体的抗体的作用，对检测到的异常做出适当的反应并处理异常。抗体由通过 T 淋巴细胞释放的 B 淋巴细胞产生。
- enforce（E）：通过了解杀伤性 T 淋巴细胞的作用，彻底调查检测到的异常的影响，并加强各种措施，以防止异常和影响再次发生，这些杀伤性 T 淋巴细胞从树突状细胞接收抗原信息，附着感染细胞和癌细胞并消除它们。
- collaborate（C）：利益相关者通过学习负责各种免疫力的各种细胞的作用，合作解决各种城市问题。
- transfer（T）：通过上述复杂过程（获得性免疫）获得的经验被转移到处理下一个异常。获得性免疫是对自然免疫的补充。有了获得的免疫力，曾经入侵过的异物就会被记住，下次入侵身体时就会受到攻击。

DIRECT 方法论注重实施过程中的有效管理与持续优化，展示了理论和实践的有机结合为城市发展带来的潜力与启示。

基于 DIRECT 方法论，结合碳排放恒等式，作者进一步提出了制定和实施交通运输领域碳减排的一体化政策的六环六步法（张，2021；Zhang，2022）。首先，根据交通运输领域的碳排放恒等式，提出了六个实现碳减排目标的关键环节：

（1）减少交通运输能源消费的碳排放强度；
（2）降低交通运输活动的能源消耗；
（3）减轻生活和经济活动对交通运输的依赖；
（4）减少为满足需求而导致的高碳生活和经济活动；
（5）调整高碳生活和经济发展需求；
（6）调整人口政策。

然后，针对每个环节，提出了基于 DIRECT 方法论的政策过程管理方法，形成了一个 6×6 的政策矩阵。具体的六个 DIRECT 步骤如下：

（1）D：detect（探知和检测）：深入了解当前碳排放问题的实际情况和挑战；

（2）I：inform | intervene（告知和介入）：通过有效的沟通和政策介入，推动碳减排目标的认知和实施；

（3）R：react（反应）：及时响应和调整政策措施，以应对变化的需求和环境；

（4）E：enlighten | enforce | evaluate（启蒙、强化和评估）：通过教育和政策强化，持续评估和改进碳减排效果；

（5）C：collaborate（协作）：促进政府部门、社会各界和企业的协作，实现碳减排的共同目标；

（6）T：transfer（传承）：确保碳减排政策和实践的长期稳定性和传承。

六环六步法为解决碳排放问题提供了系统化的框架，有望推动碳中和目标的全面实施。

6 生活行为新理论：Life-oriented Approach

交通是生活的一部分。生活中的各种行为相互交织、相互影响，成为现代社会的重要特征。因此，作者提出了市民生活行为学（life-oriented approach），这是一种以生活为导向的理论（Zhang，2017）。市民生活行为学专注于分析和理解生活选择之间的相互依赖关系，强调不同生活领域之间的交互作用。它不仅认为生活选择会受到交通行为的影响，同时也指出交通行为是生活选择的重要影响因素。这些观点不仅有坚实的理论基础，还得到了实证研究的支持（图6）。

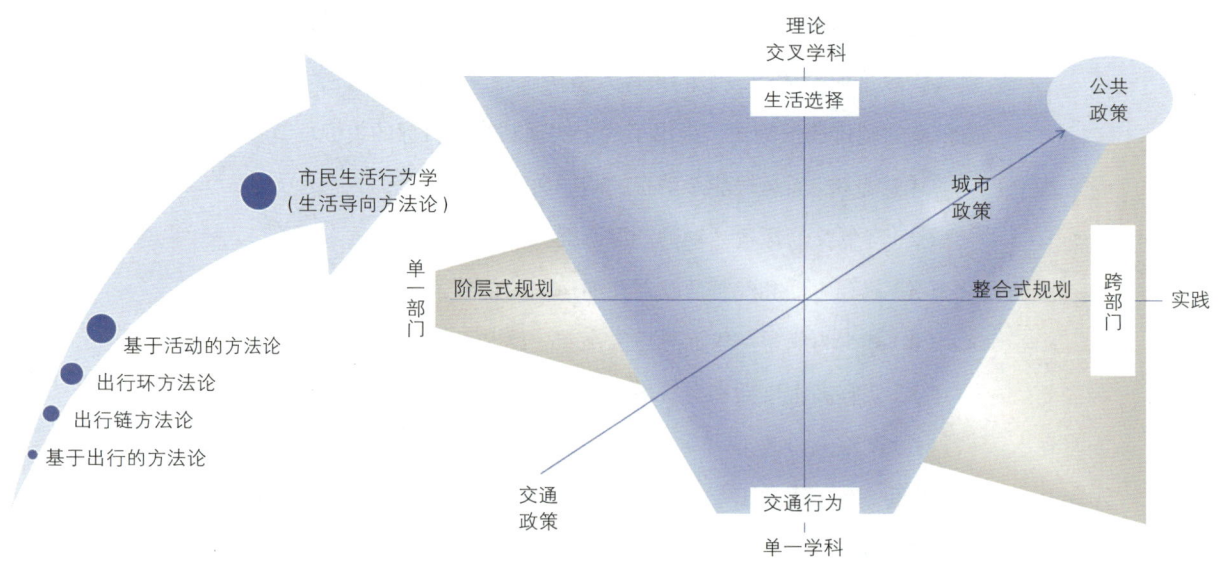

图6　市民生活行为学

在实践中，市民生活行为学强调各部门之间的深度沟通与合作，以确保共同理解和协调行动。它为跨部门的城市与区域政策制定提供了新的理论基础，成为推动综合性公共政策的创新理论。作为跨学科的理论体系，市民生活行为学有望成为促进跨部门决策和政策协调的通用语言。

市民生活行为学的核心思想在于通过系统分析和综合思考，深入理解和解决不同生活领域的复杂交互作用。其方法论注重于实际问题的解决和社会效益的提升，致力于推动社会的可持续发展和整体管理的提升。通过这种综合性的研究和应用，市民生活行为学不仅可以促进社会各个领域的协同发展，还能够提升公共政策的实效性和适应性，为现代社会的进步和改善提供有力支持。

7 交通发展新理论：Transport-in-all-policies approach

交通系统直接影响人们的生活方式、经济活动以及社会的整体效率。例如，交通流畅与否直接关系到人们的出行便利性和时间成本，对经济的发展和社会的繁荣具有重要意义。尽管交通专家在许多公共政策制定过程中可能不是核心参与者，但其对社会经济系统和地球系统的运行的影响却是显著的。在现代社会中，交通与经济、社会发展、健康、环境、生态和文化等密不可分，展现出复杂的相互依赖关系和因果关系。因此，理解交通问题不仅需要考虑交通系统内部因素，还需探寻外部因素的深层影响机制。解决交通问题自然而然地需要同时从交通系统内外寻找解决方案，尤其是根本的解决途径，只有从影响交通的最深层因素着手，才能找到终极答案。为此，作者提出了"交通融入所有政策"（transport-in-all-policies approach：TiAP）方法论（Zhang，2024c）。TiAP旨在将交通因素有效地整合到所有公共政策领域中，全面解决社会中的各种交通问题。这种方法论强调跨学科和跨部门的协作，以有效地应对交通、经济活动、社会发展、环境可持续性及公共健康等复杂的相互关系。为了支持TiAP方法论的理论框架和实际实施，进一步提出了六项原则：共同愿景原则、基于证据的政策制定原则、全面性原则、一贯性原则、网络化治理原则以及参与性原则。这些原则不仅能够明确交通系统在社会经济发展中的角色和影响，还能够为解决当前交通挑战提供具体而有效的策略。同时，它们也为公共政策制定提供理论支持和实践指导，以确保政策的有效实施和持续改进（图7）。

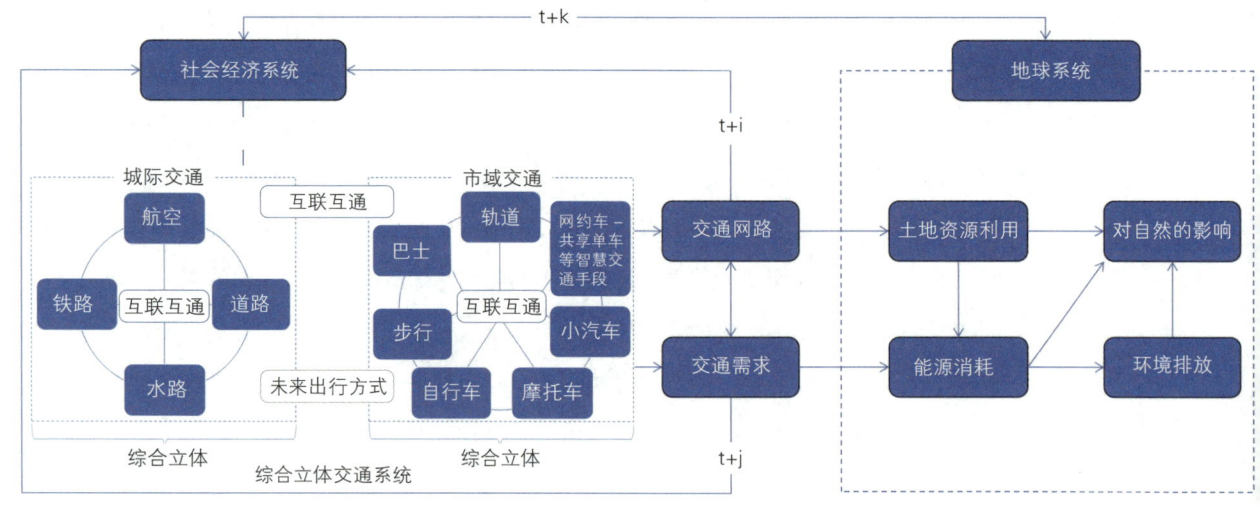

图7 TiAP 方法论

8 总结

未来城市与交通系统的融合发展至关重要，这需要多个学科领域研究者的深度参与。在全球面临诸多不确定性和不稳定性的背景下，城市与交通系统的发展必须从全球视角出发，并倡导多部门合作的新思维。这种转变需要理论创新与技术创新的有机结合，以应对日益复杂的城市挑战和交通需求（图8）。

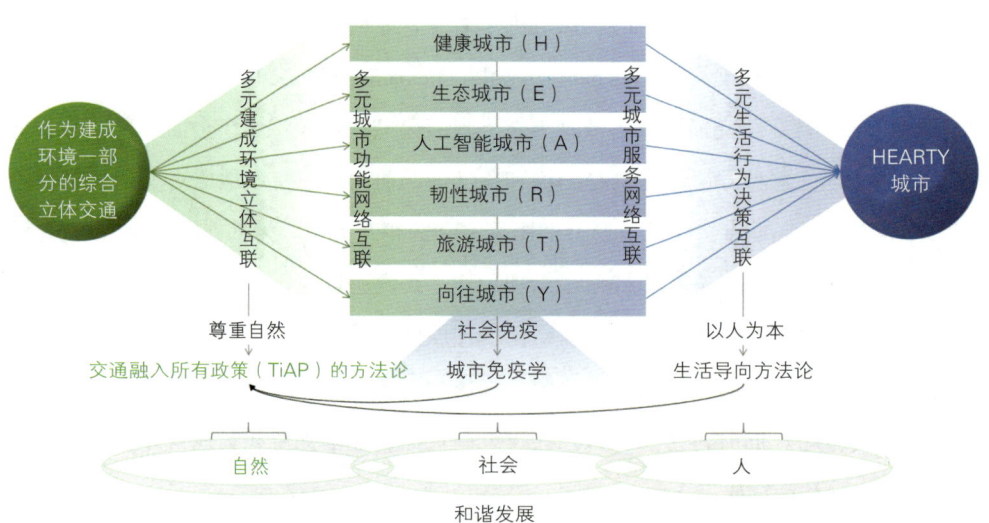

图8 未来城市与交通系统的融合发展

基于长期的交叉学科研究实践和经验，作者提出了几种新的理念和理论，并如上图所示，将它们整合在一起，旨在激发学术界和政策制定者的深思与探讨。首先是未来发展目标（HDGs），旨在为全球未来发展设定具体而宏大的目标。其次是和谐发展科学，强调在发展过程中各要素之间的平衡与协调。HEARTY 城市理念则集合了健康、生态、能效、人工智能、城市韧性、旅游和向往等多方面因素，探索城市发展的多维度平衡。

城市免疫学关注城市系统的稳定与适应能力，不仅仅限于应对突发事件，更关注未来长期发展。政策管理过程理论 DIRECT 方法论和生活导向方法论，分别强调政策实施中的有效管理与生活行为的理解与引导。而"交通融入所有政策（TiAP）"方法论则主张将交通因素整合到所有公共政策领域，以实现交通与其他领域的协同发展和可持续性管理。

这些理念和理论方法不仅为城市与交通系统的融合发展提供了新的思路和框架，还有望为应对全球性挑战和促进人类福祉提供理论支持和实践指导。通过深入研究、推广和应用成果，它们有助于建立更智慧、更可持续的城市和交通系统，为未来社会的进步和发展奠定科学基础。

参考资料

1. Whitmee S., Haines, A., Beyrer C., et al. Safeguarding human health in the Anthropocene epoch: report of the Rockefeller Foundation – Lancet Commission on planetary health［J］. The Lancet, 2015, 386 (10007), 1973–2028.
2. Zhang J. (2017) Life-oriented Behavioral Research for Urban Policy. Springer.
3. Zhang J. (2020) Harmonization Science (HarS): From Sustainability to Harmonization. https://home.hiroshima-u.ac.jp/~zjy/wp-content/uploads/2021/10/Harmonization-Science_Proposed-in-Sept-2020-2.pdf.
4. 张峻屹. 后疫情时代交通运输领域的一体化碳减排政策［J］. 城市交通, 2021, 19（5）, 43–52.
5. Zhang J. (2022) Governance for post-COVID-19 carbon reduction: A case study of the transport sector. In: Zhang J. and Hayashi Y. (eds.), Transportation Amid Pandemics: Lessons Learned from COVID-19, Chapter 34, Elsevier.
6. Zhang J. (2024a) HEARTY City. In: Zhang J. et al. (2024) COVID-19 & Pandemics, Lifestyles, Human Mobilities, and Cities: A Perspective of Planetary Health. Springer.
7. Zhang J. (2024b) Urbanimmunology. In: Zhang J. et al. (2024) COVID-19 & Pandemics, Lifestyles, Human Mobilities, and Cities: A Perspective of Planetary Health. Springer.
8. Zhang J. (2024c) Transport-in-All-Policies approach. In: Zhang J. et al., Research Handbook on Transport and COVID-19. Edward Elgar Publishing.

中国城市 ESG 治理评价体系

邱慈观
美国宾夕法尼亚大学沃顿商学院金融学博士，上海交通大学上海高级金融学院教授、可持续金融学科学术主任

> 本文摘自作者在"2023 全球城市论坛"上的演讲。

近日福布斯中国发布了中国 2023 年"消费活力城市榜"，北京、上海、广州和重庆等城市在商业成熟度、消费活跃度、交通便捷度等评选维度上表现优异，故在榜单上名列前茅。评选结果饶有趣味，反映了现代城市的"烟火气"。当城市在区位、交通、市场、科技和政策等方面都具有优势时，才能为民众提供包容性、多元化的消费服务，形成活力中心。

不过，看待城市的视角并非只有一个，消费活力也不是我们对城市的唯一关切点。事实上，笔者团队就从 2035 年国家远景目标的角度来看城市，其中纳入了可持续发展目标（sustainable development goals，SDGs）的概念框架，以及环境、社会和治理（ESG）的内容，从而形成一个评价框架，对中国城市进行 ESG 治理评级，并对评级结果予以解析。

该研究课题由张博辉、吴海峰和我共同于 2021 年展开，其间虽曾因疫情而中断，但最终结果汇集成《中国城市 ESG 治理评价体系》一书，由中国金融出版社顺利推出。在当前"消费活力城市榜"的热点下，笔者团队趁势和读者分享国家远景目标角度下的城市榜。

1 ESG 评级类别

本书以"ESG 治理评价"为名，其中涉及 ESG 评级。ESG 评级近年在国内颇受瞩目，但重点落在企业评级。对照之下，城市评级以"城市"为受评对象，笔者先就此梳

理 ESG 评级概念。

ESG 评级是由评级者建立一个评级框架，依据其中在 E、S 和 G 三方面的议题，对受评主体表现予以评估，从而进行给分。ESG 评级并不必然有排名，但因受评主体得分必有高低之分，故有些 ESG 评级组织会依分数优劣对受评主体进行排名。

ESG 评级有宏观、中观及微观三种，其受评主体不同，关切的 ESG 议题亦随之有差。宏观 ESG 评级的受评主体为国家，关切的 ESG 议题有：E 维度的人均碳排放、S 维度的人均所得差距，以及 G 维度的国际公约遵循度；中观 ESG 评级的受评主体为城市，关切的议题有：E 维度的城市空气质量、S 维度的城市就业率，以及 G 维度的城市治理建设；微观 ESG 评级的受评主体为企业，关切的议题有：E 维度的产品碳足迹、S 维度的供应链管理，以及 G 维度的财务透明度。

现实世界里，从事宏观、中观和微观 ESG 评级的机构数量相差甚大，原因与评级结果的商业用途有关。评级结果可形成 ESG 数据库，随着 ESG 投资的兴起，市场对企业 ESG 数据的需求大。反之，城市和国家 ESG 评级数据欠缺商业需求，从而遏制了评级机构的参与动机。

2　城市 ESG 评级理念

在三种 ESG 评级里，笔者团队所开发的为中观层级的 ESG 评级，致力于动态融合 2035 年远景目标纲要的指导精神、公共管理领域的 SDG 概念框架以及 ESG 的内容，梳理出城市可持续发展的驱动因子，从而发展出一个评估城市 ESG 治理的体系。

依据《中华人民共和国国民经济和社会发展第十四个五年规划和 2035 年远景目标纲要》（以下简称《纲要》），由于我国已从高速发展阶段转向高质量发展阶段，故未来五年中国经济社会发展应以深化改革开放、提高社会文明、建设生态文明、增进民生福祉、提升国家治理水平为旨，致力于完善科技创新机制、促使产业脱虚向实发展、建立社会财富公平分配机制、发挥国有经济战略支撑作用、推动绿色发展、力争实现"30·60"目标等。

SDGs 由联合国于 2015 年提出，作为《2030 年可持续发展议程》的决议，以 17 个当前人类面对的紧迫挑战作为可持续发展目标。17 个目标所针对的是宏观层级的 ESG 问题。例如，关乎"E"的有气候行动（SDG#13）、水下生物（SDG#14）等，关乎"S"的有无贫穷（SDG#1）、性别平等（SDG#5）等，关乎"G"的有和平、正义与强大机构（SDG#16）、促进目标实现的伙伴关系（SDG#17）等。因此，笔者团队的主要探索是，如何基于具有中国特色之公共管理领域的可持续发展分析，进一步将ESG内容引入，并结合《纲要》来细化评分指标。

《纲要》指出，2035年我国将基本实现社会主义现代化，其中五个重点方向为经济发展、驱动创新、民生福祉、绿色生态和安全保障。《纲要》的发展重心与联合国2030年议程总体上有一致性，但前者是基于我国当前所处历史阶段而拟订，故有因地制宜的特质，在细节上与SDGs未尽相同。笔者团队将《纲要》提出的五个发展方向与SDGs进行对照，关系如表1所示。

表 1 《纲要》提出的主要发展为向与 SDGs 的对应关系

《纲要》提出的发展方向	17 个 SDGs（序号 #）
经济发展	无贫穷（SDG #1）、体面工作和经济增长（SDG #8）减少不平等（SDG #10）、和平、正义与强大机构（SDG #16）
创新驱动	产业、创新和基础设施（SDG #9），负责任消费和生产（SDG #12），促进目标实现的伙伴关系（SDG #17）
民生福祉	良好健康与福祉（SDG #3）、优质教育（SDG #4）、性别平等（SDG #5）经济适用的清洁能源（SDG #7）、可持续城市和社区（SDG #11）
绿色生态	气候行动（SDG #13）、水下生物（SDG #14）、陆地生物（SDG #15）
安全保障	零饥饿（SDG #2）、清洁饮水与卫生设施（SDG #6）

将《纲要》提出的主要发展为向和SDGs对应后，接下来要对其赋予ESG内容，从而形成具体的指标，而这涉及评级框架的搭建和数学方法的确立。

3 评级框架和方法

评级有三大关键，分别是范围、度量和权重。范围是指评级的覆盖内容，度量是指评级的衡量方式，权重是指评级各指标的相对重要性。以下依顺简要说明。

首先，城市远景评级的覆盖内容无疑是基于表 1 关系而进一步赋予其 ESG 内容，而这涉及一个层级式 ESG 指标体系的搭建，其中包括一级、二级和三级指标。在此，一级指标又称驱动因子，抽象性最高。二级指标常以列举属性的方式，对一级指标的内容予以界定，从而降低其抽象性。三级指标进一步将二级指标具体化，以对接可观察的经验世界，从而汲取数据。

城市远景评级体系采用层级式评级，其中包括一级、二级和三级指标。一级指标 5 个，分别是：城市政府治理效能、城市经济发展、城市生态文明建设、城市民生福祉建设及城市文明建设，它们是驱动城市 ESG 发展的推手。一级指标下有 22 个二级指标，二级指标下又有 76 个三级指标。城市远景评级体系由这些层级式指标共同形成。

例如，一级指标"城市政府治理效能"有 3 个二级指标，分别是："城市社会主义民主法治建设""城市政府作用及公信力"和"城市突发事件应急能力"。二级指标下有 11 个三级指标，分别是："万人拥有律师数""产权纠纷案件数""城市立法数量""行政诉讼案件率""扶贫支出占财政收入比重""政府反腐情况""直接所得税占税收收入比重""财政保障能力""廉节效益""公共安全支出占财政收入比重"及"粮食综合自给能力"。这些三级指标以数量、效益、比重等形式表明，因而形成汲取数据的测度变量。

在明确各级指标后，笔者团队仍须决定度量方法和权重配置，才能展开评级工作。有关度量方法，事实上从上面指标表述中的比例、数量等字可知，城市远景评级采用量化度量法。使用的数据以实际统计数据为主，估测数据为辅，来源有各城市的统计年鉴、前瞻数据库、Wind 数据库、国家统计局、国研网等。有关权重，城市远景评级对各级指标都采用等同权重法，表示其重要性相同。

以指数方法而言，城市远景评级采用常规多指标数学合成法编制，在明确了评级框架和方法后，笔者团队必须再对数据进行无量纲化等必要处理，继而才能对中国城市远景实践进行评估。评级以 2009 年到 2019 年为时间线，以中国 39 个城市为样本，其中包括 4 个一线城市、15 个新一线城市、17 个省会城市，以及 3 个计划单列市。

4 城市评级结果和政策意义

评级结果可由综合指标得分看，也可由各级指标得分看。综合指标是由一级指标汇整形成，其得分代表 5 个一级指标的综合表现。囿于篇幅，本文分析以综合指标得分排名为主。

综合指标得分排名较高的城市基本上以城市群的形式分布，表现出明显的集聚效应和不平衡性。有关于此，笔者团队特别针对以北京和天津为主的京津冀经济发展区、以上海、杭州及南京为主的长江三角洲经济发展区，以及以粤港澳大湾区城市为主的珠江三角洲经济发展区，就其核心城市优势、向外辐射效应、协同发展背后挑战等方面进行了深入解析。

基于 39 个城市的综合指标得分，我们可对其排序，结果如图 1 所示。前六名依次为北京、上海、广州、深圳、重庆、天津，其中北京得分为 185.79，遥遥领先位居第二的上海（152.77）。

仔细观察图 1 后，会有几点发现，首先，前六名城市的综合得分呈现出明显的阶梯状，各城市之间得分差距较大，但从第七名城市武汉开始，各城市之间综合得分的差距逐渐缩小。其次，城市综合得分显示了集聚效应，即一个区域内的核心城市以其辐射力带动周边次要城市发展。最后，城市综合得分反映了诸多不平衡性，存在于一线城市和非一线城市之间、经济特区城市和非经济特区城市之间、东部沿海城市和非东部沿海城市之间。这些发现表明，我国除了城乡发展不平衡外，这存在较为严重的区域发展不平衡问题。这些发现更供政府酌参，以面对挑战，推动更能平衡区域之间发展的政策。

依笔者团队规划，城市远景实践评级工作分成三个阶段展开。第一阶段是评级理念的梳理、框架的搭建、数据的收集，以及评级的展开。这部分工作业已完成，表明于 39 个城市评分的发布及背后因素的解析。第二阶段是将研究思路扩展到全国，以形成一份对全国城市远景实践的报告。第三阶段是搭建一个数据可视化平台，将所收集整理的各地数据放置其中，以供"产官学"各方查询。这种集中式的数据归集和查询平台将提高信息透明度，利于政府评估政策和企业调整战略，对社会产生深远的影响。

第二章 城市治理与韧性发展

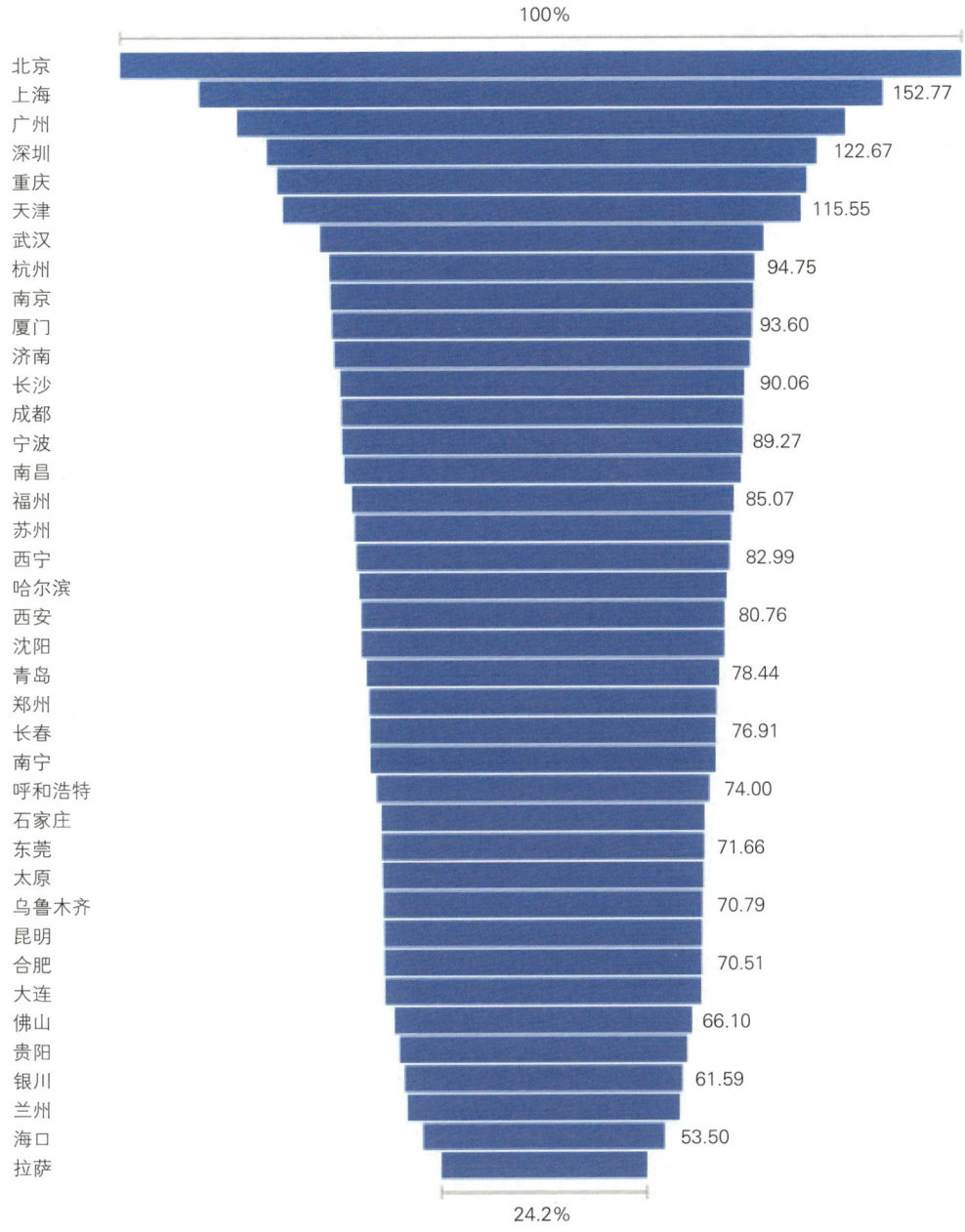

图1 39个城市综合指标得分

大模型何以用于城市治理？"热"实践与"冷思考"[1]

吴建南[*]　**马太平**[**]　**周　磊**[**]

*　上海交通大学中国城市治理研究院常务副院长、国际与公共事务学院院长
**　上海交通大学国际与公共事务学院博士生

本文摘自作者在"2023 全球城市论坛"上的演讲。

1　引言：城市治理数字化转型何以升级？

2022 年 11 月，OpenAI 公司推出的 ChatGPT 在两个月内全球活跃用户超过 1 亿，成为有史以来用户增长速度最快的消费级应用程序，引发了人类社会对于人工智能大模型的高度关注。在 ChatGPT 带来的热潮中，我国人工智能业界迅速跟进，加大力度开发基于中文环境的人工智能大模型。据《中国人工智能大模型地图研究报告》显示，截至 2023 年 5 月，全国已出现 79 个参数在 10 亿规模以上的大模型产品。

中央高度重视人工智能大模型的发展。2023 年 4 月，习近平总书记在主持召开中共中央政治局会议时指出，重视通用人工智能发展，营造创新生态，重视防范风险。2023 年 7 月，国家网信办等七部委联合印发的《生成式人工智能服务管理暂行办法》进一步鼓励生成式人工智能技术在各行业、各领域的创新应用。

中央层面的战略部署下，北京、深圳、成都、杭州、无锡、上海、重庆等 7 座城市率先出台支持人工智能大模型的发展政策，提出推动人工智能大模型在城市治理领域的示范应用。本文希望回答以下两个问题：大模型在城市治理中怎样使用，有何共性特征？透过大模型应用实践，未来城市数字化转型如何更好推进？

---

[1] 本文得到国家重大项目《特大城市社会治理数字化转型的机制与优化路径研究》（21&ZD162）资助。感谢贾开、黄晖、丰玉、张阿城、楚中柱等的建议和支持。

2 分析基础:从人工智能到大模型技术

2.1 人工智能技术发展简史

1956 年,约翰·麦卡锡等十位科学家联合组织召开"达特茅斯会议",其被公认为是人工智能技术发展的开端。从技术演进视角来看,人工智能发展历程可以划分为三个阶段:一是机器学习阶段,根据历史数据进行训练并用于预测未来,不再界定如何解决问题,而是基于数据学习来找寻解决方案。二是深度学习阶段,将深度神经网络作为机器学习框架,需要更大的数据集和更多的计算,相较于机器学习,深度学习具有提取高维语义特征的能力。三是基础模型阶段,通过迁移学习和规模实现,前者是从一项任务中学习到的"知识"应用到另一项任务中并以预训练为主要方法,后者强调计算机硬件的改进、Transformer 模型架构的开发、更多训练数据的可用性。

2.2 大模型内涵及其分类

大模型之"大",即大数据、大参数和大算力。从功能划分主要包括生成式与判别式,其中判别式 AI 是将高维的、丰富的感官输入映射到类别标签,以实现预测和分类的模型;生成式 AI 是指生成文本、音频或视频等内容的人工智能系统,旨在根据训练数据产生新的、创造性的输出。判别式 AI 和生成式 AI 在任务处理、应用目标等维度上存在差异,具体如表 1 所示。

相较于传统人工智能,大模型具有独特的技术特征。一是任务泛化性,通过"预训练 + 微调"的技术方法,可以同时处理多个任务、未知任务和大量下游任务。二是能力涌现性,当预训练的数据量超过一定阈值时,模型会涌现出高级推理、学习适应等能

表 1 判别式 AI 和生成式 AI 的比较

比较维度	判别式 AI(Discriminative AI)	生成式 AI(Generative AI)
应用目标	主要用于执行特定任务	可以处理多个任务
交互格式	根据训练数据做出预测性判断	利用训练数据创造新的内容
训练复杂程度	输入通常是固定格式,输出预定义类别的内容	输入和输出非常灵活,提示词设计来确定最佳输入
运行速度快慢	训练较为简单	训练较为复杂
技术缺点	运行速度较快	需要一定的响应时间
任务处理	需人工审核判别结果以规避模型误判	需人工确认输出准确性以避免产生幻觉

力。三是交互拟人化，由于学习了海量人类语料数据，大模型可以习得人类偏好并能够揣摩人类意图，一定程度上具备与人相似的特征。

3 "热"实践：新闻报道与研究案例对比

3.1 资料来源与实例选择

为了促进人工智能的发展应用与生态营造，北京、深圳、成都、杭州、无锡、上海、重庆等七个城市率先面向 AI 大模型时代出台相关政策。本研究以上述七个城市作为抽样框，通过网络搜索引擎检索大模型用于城市治理的实例。最终，本文选择北京市海淀区"城市大脑"、深圳市 X 区"城市智慧视觉融合感知系统"、重庆市"城市运行和治理大模型"3 个实例作为分析样本。

3.2 三个地区的实践样态

百度智能云"海淀城市大脑"是由百度智能云和海淀区政府联合打造，基于"文心一言"大模型探索的城市治理领域应用落地。该实例入选"北京市通用人工智能大模型行业应用典型场景二十大案例"，运行逻辑如图 1 所示。

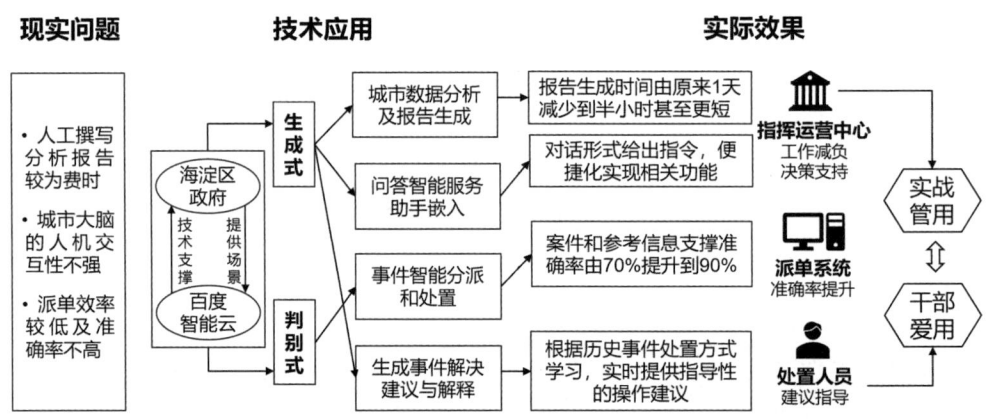

图 1　百度智能云"海淀城市大脑"

深圳市 X 区"城市智慧视觉融合感知系统"是由奥看科技联合南京大学等学术机构、华为等技术企业共同打造。该系统以奥看科技的城市智慧视觉 2.0 为基础，对接华为盘古 CV 大模型的开放性接口服务，旨在进一步释放视图大数据对城市治理数字化转型的赋能效应，如图 2 所示。

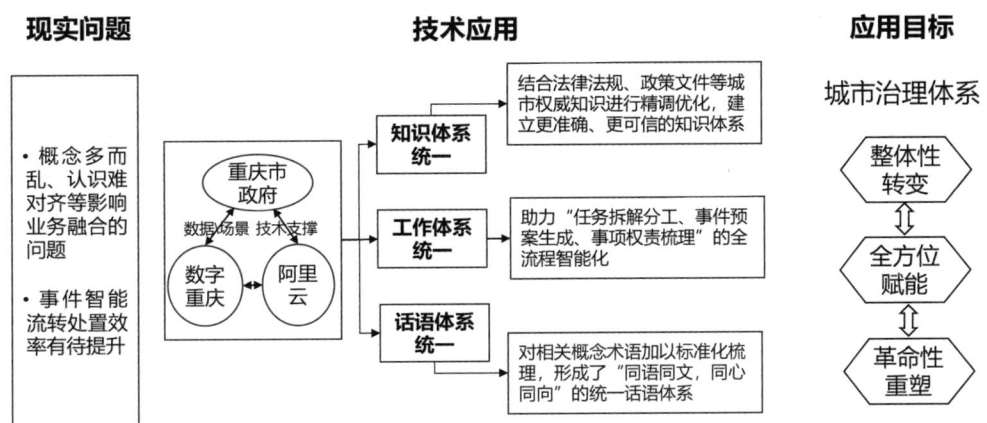

图 2　深圳市 X 区 "城市智慧视觉融合感知系统"

数字重庆建设加快推进背景下，重庆市政府、数字重庆公司和阿里云三方主体共同打造了重庆"城市运行和治理大模型"，并在 2023 中国国际智能产业博览会专场发布。该大模型基于阿里通义大模型开发，利用已有的丰富数据资源与应用场景，旨在推动城市运行和治理效能提升，如图 3 所示。

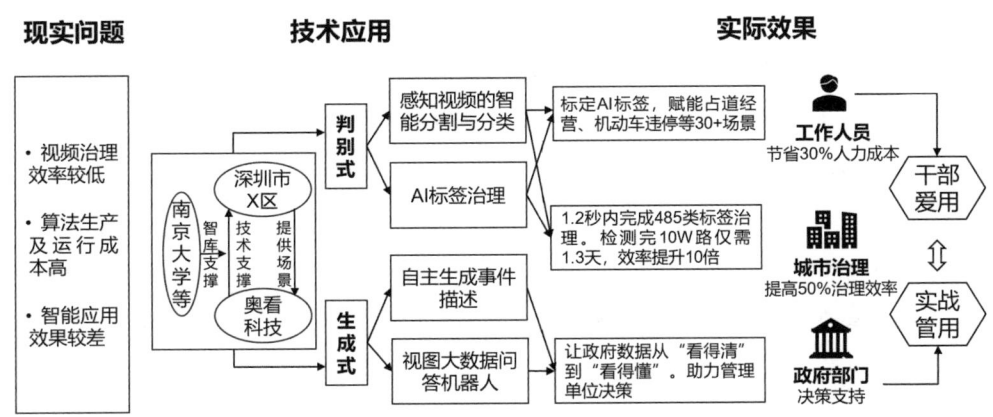

图 3　重庆 "城市运行和治理大模型"

3.3　应用实践的共性特征

一是生成式与判别式功能的共同驱动。生成式 AI 的应用包括问答智能服务助手嵌入、城市数据分析及报告生成、生成事件解决建议与解释、自主生成事件描述等，判别式 AI 的应用包括事件智能分派和处置、感知视频智能识别分割与分类、AI 标签治理、任务拆解分工等。二是基于通用大模型来开发应用场景。三个实例的应用场景均搭载业内领先的通用大模型开发，在通用大模型基础上引入城市权威知识进行精调。三是"政企社"合作推动大模型应用。政府部门主要包括数据管理、政务服务或城市管理机构，三个实例分别由百度、华为、阿里云等建有通用大模型的技术企业参与，同时还有发挥智库支撑作用的研究机构参与。

4 "冷"思考：未来数字化转型何去何从？

回顾过去，以往数字化转型普遍暴露出应用场景"虚化"现象，表现为应用场景的"退化""大化""全化"；而作为委托代理关系末端的基层干部面临多重任务要求，本应为基层"减负增能"的数字化转型反而为基层"增负减能"。

在数字中国建设加快推进的战略背景下，当前城市数字化转型正处于一个新的阶段，面临着新的形势与要求。具体而言，中国东、中、西等区域发展不平衡明显。在后疫情时代，各个地方政府的财力整体下降，经济发展需求也更加迫切，对于数字化转型期待更高。回顾过去、立足当下，未来的数字化转型应当聚焦以下三个方面持续发力。

一是回归初心：数字化转型是解决问题、提升绩效的手段。数字化转型是应用数字技术改进绩效的过程，数字化项目要考虑运行时的场景和成本，对于不能提升绩效的数字化项目，在新的历史时期应当谨慎对待，不应投入大量财政资金盲目建设。重点回应城市治理中的重点与难点问题，更好满足市民现实需求。

二是正视现实：利益相关者对新技术及应用的认知、期待不同。数字化转型之所以很难，很重要的是利益相关者对于新技术尤其是人工智能技术的认知、期待各不相同，如何去执行技术也不一样，对新技术应用的共识常常难以形成。就大模型如何用于城市治理，政府部门、技术企业、媒体等行动者对于大模型技术有不同的理解、将其用于城市治理又是不同的理解，宣传报道也是各有不同。

三是协同发展：多元主体合供以创造多维价值。对于中央政府而言，应当强化顶层设计，明确数字化转型目标和手段关系，强调不同利益相关者相互依赖、强化合供机制的制度基础。对于城市党委政府而言，应以成本、效能、效益论英雄，可以开展新式"赛马"，同时积极开展应用场景的效果评估，综合考量管理、经济、市民与社会价值。对于技术企业而言，需要进行自我评估，努力让开发的应用场景更加管用，创造出更多的价值。对于研究者而言，应当深入到数字化转型的具体场景，同时积极拥抱新技术，进一步与理工科合作、理解与预见。

参考资料

1. 中国科学技术信息研究所,科技部新一代人工智能发展研究中心. 中国人工智能大模型地图研究报告[R]. 北京:中国科学技术信息研究所,2023.
2. Bommasani R,Hudson D A,Adeli E. et al. On the opportunities and risks of foundation models[J]. arXiv preprint arXiv:2108.07258,2021.
3. Goodfellow, I., Pouget-Abadie, J., Mirza, M., Xu, B., Warde-Farley, D., Ozair, S., Courville, A., & Bengio, Y. (2014). Generative Adversarial Networks. Arxiv Preprints. ArXiv: 1406.2661.
4. Mannuru N R, Shahriar S, Teel Z A, et al. Artificial intelligence in developing countries: The impact of generative artificial intelligence (AI) technologies for development[J]. Information Development, 2023: 02666669231200628.
5. Beijbom O.GPT-4 Architecture, Infrastructure, Training Dataset,Costs,Vision,MoE [EB/OL].(2023-07).[2024-02-18]. https://www.nyckel.com/blog/discriminative-ai/.

超大城市地下空间系统韧性：内涵、评估方法、提升策略与展望

韩凯航
博士，副研究员，深圳大学未来地下城市研究院地下空间研究中心副主任

本文摘自作者在"第十届国际地下空间开发大会"上的演讲。

1 背景

从人口、面积和 GDP 来看，超大城市（群）很重要，受灾害影响后不仅是经济方面的影响，带来的社会影响也很大。全球很多国家和组织都在提倡推进韧性城市建设。2020 年 4 月 10 日，习近平总书记在中央财经委员会第七次会议上的讲话中将打造韧性城市作为完善城市化战略的重点内容。2021 年 3 月 12 日，"韧性城市"被写入《中华人民共和国国民经济和社会发展第十四个五年规划和 2035 年远景目标纲要》。2022 年 10 月 16 日，习近平总书记在中国共产党第二十次全国代表大会上作报告中指出：坚持人民城市人民建、人民城市为人民，提高城市规划、建设、治理水平，加快转变超大特大城市发展方式，实施城市更新行动，加强城市基础设施建设，打造宜居、韧性、智慧城市。2023 年 11 月 10 日，习近平总书记在北京、河北考察灾后恢复重建工作时，再次强调建设韧性城市，要求"全面提升防灾减灾救灾能力"。2023 年 12 月 1 日，习近平总书记在上海考察时首次提出"全面推进韧性安全城市建设"，与此前提出的"建设韧性城市"相比增加了"安全"两字，蕴含着深刻而富有战略的意义。

韧性城市建设的一个大背景是超大城市发展方式的转变，以往的城市发展大致采取"摊大饼"的方式发展，这会带来诸多城市病，如交通拥堵、土地资源紧张、城市内涝和环境污染等问题。解决超大城市的城市病，向地下空间发展是有效途径之一。一方面可以增加超大城市的立体空间承载力，另一方面也可以增加地表蓝绿空间，提升城市韧

性安全城市水平的同时也提升了城市居民的生活质量。

超大城市立体空间是集地下空间、地上空间、多层地表、立体街道等于一体的三维空间形态，特点是强调在高人口密度、紧凑型城市中城市垂直维度的开发、耦联和利用。超大城市地上地下立体空间综合防灾减灾是保障超大城市安全运行的前提，但当前城市地上地下立体空间面临深浅不一、协同不够、韧性不足等挑战，极端情况下的综合防灾减灾能力薄弱。以地下空间深层地下空间开发施工扰动－工程灾变灾害为例，立体地下空间在多重灾害作用下，易诱发从单体到结构群的连续性、区域性大规模破坏，可能会形成坍塌漏斗，进而影响到浅层或中层的地下空间系统，导致区域城市功能崩溃。

如何保障深层地下空间的韧性开发，其中涉及了一些关键科学问题和技术问题，包括地下结构灾害下的损伤演变机理，韧性设计方法、韧性评估方法还有材料、新结构的研发，以及地下受限空间、受损地下混凝土结构怎么去快速地修复和韧性提升技术等问题。在这之间，韧性评估不管是设计还是相关的技术，都是一个可以量化的指标，因此它在深层开发过程中是一个非常重要的环节。

2 超大城市地下空间系统韧性内涵

超大城市面临的灾害种类有很多，根据灾害持续时间的长短可进行简单分类，分为冲击类和压力类。其中，冲击型的持续时间较短，如地震作用、爆炸作用、突发性地质灾害等；压力型的持续时间较长，如施工扰动作用、渐变性地质灾害、缓变气象灾害等。进而，针对不同类型灾害的时域特征和可预测性特征，便于从适灾韧性的角度梳理超大城市地下空间系统韧性内涵的共同点及差异。

各个学科领域的专家和学者围绕"适灾韧性"的主题已经开展了大量研究，涉及水利、地学、能源科学、材料、机械、环境、信息、人工智能等学科在地下空间领域的交叉互融，目的都是为了构建"强鲁棒、富冗余、快恢复、智适应"的城市地下典型空间系统。终极目标体现在"智慧"和"韧性"两个重点，具体而言是：①强鲁棒、富冗余、快恢复对应于"韧性"，②智适应对应于"智慧"（图1）。

超大城市地下空间系统韧性的研究范畴非常大，一方面不同学科领域学者采取的研究尺度差异很大，评估结果缺乏对比性；另一方面，有些学者从管理学科角度去研究超大城市地下空间系统韧性，而有些学者则是从土木工程学科去研究，韧性评估方法差异很大。因此，想要把超大城市地下空间系统韧性研究透彻，需要根据不同学科的侧重点进行针对性的研究，为此我们针对超大城市地下空间系统韧性提出了"四性三度"的概念（图2），便于探讨针对灾害类型下不同尺度、不同维度、不同测度的韧性评估适应性以及改进革新方法研究。

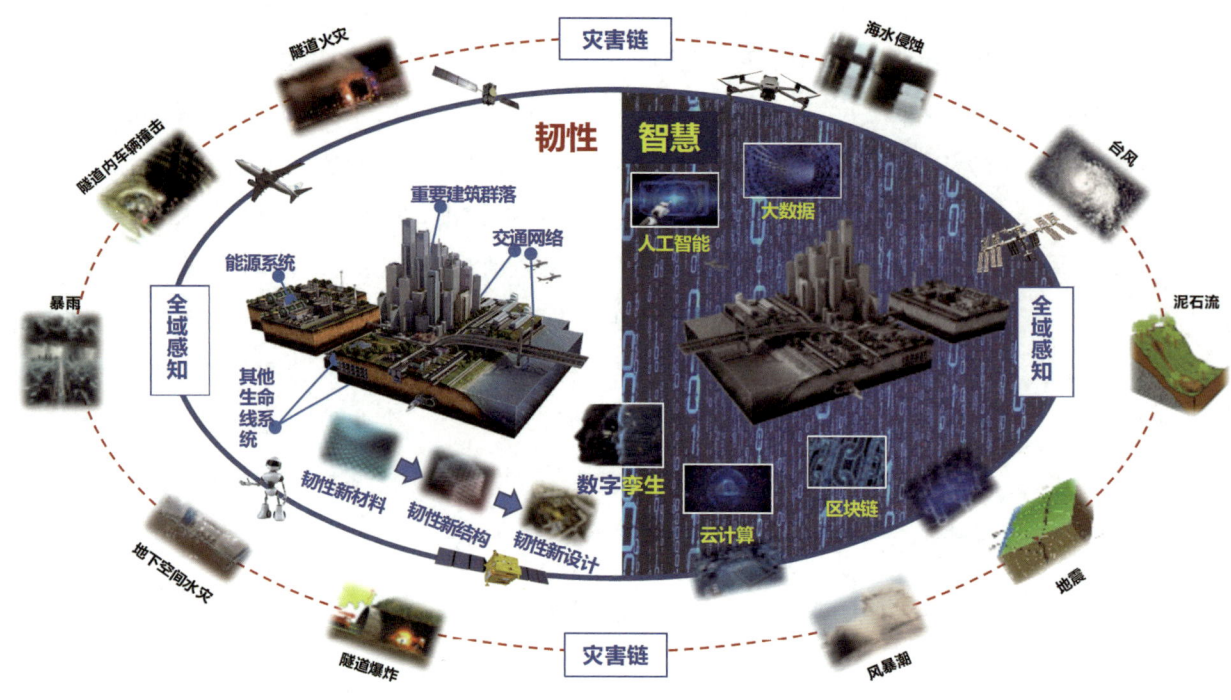

图1 超大城市地下空间系统智慧适灾韧性内涵

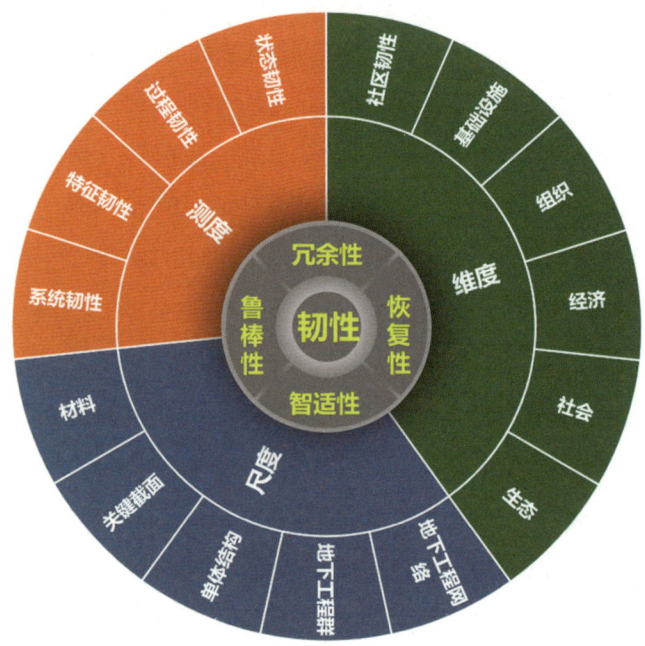

图2 超大城市地下空间系统智慧韧性"四性三度"

在整个灾害过程中，超大城市地下空间系统能够有一定的能力抵抗灾害带来的影响（较强的鲁棒性）、系统受损后有一定的能力防止/阻隔灾链的进一步发展（丰富的冗余性）、灾后系统功能/结构性能能够被快速修复/提升（快速的恢复性）、受灾过程中对系统/结构的薄弱环节进行识别及感知数据的智能反演，实现系统结构体系缺陷和/地质缺陷的透明化，进而提升系统韧性的防控目标与管控水平（智能的适应性）。

关于维度方面，超大城市地下空间系统韧性可以归纳为六个维度，分别是组织、经济、社会、环境、基础设施、群体功能。其中，基础设施维度对超大城市韧性是非常重要的支撑，且由于地下基础设施赋存于地层岩土介质的特点，增加了研究的复杂性和提升韧性的难度。

关于尺度方面，我们提出了一个尺度划分方法，超大城市地下空间系统可划分五个尺度：第一个是材料尺度；第二个是单体结构特征截面尺度；第三个是单体结构尺度；第四个是区域地下工程群尺度；第五个是城市地下工程群网络尺度。其中前四个尺度主要强调结构本体的韧性，不管是材料、构件还是结构体系，而尺度五更多是强调城市级的功能性防灾韧性。进行尺度划分后，便于研究小尺度的灾变如何发展/耦联至大尺度，同时便于我们针对各个尺度针对性地制定韧性目标和提升策略。

关于测度方面，从韧性的研究历程来看：①最初的工程韧性的研究多针对地震、爆炸等（时域作用短、不可预测）灾害发生后带来的后果（修复时间、修复费用、人员伤亡等）进行韧性评估，根据全域损伤失效特征进行结构体系的优化与韧性提升；②随后提出的演进韧性理念的研究多针对施工扰动工程灾害、缓变地质灾害等（时域作用长、可预测）灾害发生过程中地下结构体系复合功能/性能的演化规律，且多从抗力韧性、恢复韧性与适应韧性的角度进行韧性评估，根据这些指标同时考虑经济条件的约束进行韧性提升措施的最优策略制定；③和传统的工程韧性和演进韧性不同，为了能够更好地体现智适性，我们探索地提出了"智慧韧性"的研究理念。举例说明，以施工扰动多次穿越既有建构筑物为例，第一次穿越的时候，地层并不是完全透明的，地层信息往往是一些离散的钻孔数据；地层的缺陷和既有地下结构和围岩接触不良的情况，并不完全掌握。第一次穿越过程中收集数据，智能反演得到更多的地层数据，逐步实现"透明地质"的过程。当再次穿越时，就能提升地下空间结构体系的韧性管控水平，以体现它智适性。

3 超大城市地下空间系统韧性评估方法和提升策略

我对韧性评估方法和提升策略其实也是综述性的。

（1）材料尺度。这个主要是强调新材料的研发，总结来说，我们需求高韧性，比如说高纤维混凝土材料还有自感知的混凝土、自修复混凝土，自修复混凝土包含微胶囊、细菌、膨胀骨料等，自修复混凝土是地下空间未来也会用到的。

地下结构所用材料的研究为提升地下空间系统韧性提供了基础。优化材料配比和引入新型材料是提高地下结构抗灾能力的重要手段。但是现在目前这个尺度的研究，还需要进一步关注其在地下环境中的适应性和耐久性，尤其是在深层地下环境的情况下，耦合作用是非常复杂的。

（2）单体结构特征截面尺度。这个尺度的研究相对较为丰富，多基于结构变形、内力指标和综合新指标进行研究。未来城市深层地下空间会规划和设计超大直径隧道或超大跨度地下框架结构，相关结构体系在复杂地下环境中的性能演化特征仍需进一步研究。

（3）单体结构尺度。包括线状区间隧道结构和节点状框架车站结构，这个尺度多涉及地下结构连续性坍塌机制，是一个重要的研究对象。尺度三是对尺度二的补充和延伸，这个尺度的韧性评估关键是连续坍塌的起始、发展与终止机制，以及范围评估。

（4）区域地下工程群尺度。这个方面也是对最危险截面尺度的补充和延伸，关于这个尺度的研究，深圳大学陈湘生院士牵头了国家自然基金重大项目"超大城市深层地下空间韧性基础理论"，主要研究四个方面：①地下空间与区域地质环境互馈效应和响应机制；②地下结构全寿命性能劣化及恢复机制；③地下空间施工的扰动灾变机制与传递机理；④考虑岩土体工程系统偶联灾变机制，提出响应的韧性评估理论。

（5）城市地下工程群网络尺度。关于这个尺度的研究也非常丰富，它基于复杂网络考虑节点和连边空间拓扑形态进行防灾韧性评估，评估存在三个方面的问题：①评估情景侧重外部环境对系统造成的影响，忽视了系统自身和内部结构的本体在灾链全工程的风险；②评估指标重视技术性能指标，忽视社会、经济、组织和制度因素，其量化方法缺乏科学论证，指标权重的确定主观性强；③单个系统与其他基础设施的相互关联和相互依存关系常被忽视，未深入剖析多重扰动下系统间的相互作用。

4 展望

前文对五个尺度进行了简单的综述，接下来我们提出六个未来可能非常重要的方向，进行展望。

第一个方向是，目前全球气候变化对城市影响很大，如何在缓变气象环境（海平面上升与城市化）、极端气象环境（暴雨洪涝、风暴潮与城市化）、多重灾害链式发生时进行分析评估。

第二个方向是关于不同情景下对灾害、灾变的评估方法和韧性评估理论，我们期望能提出一个多尺度、多场景、全要素、多时域的灾变分析方法与韧性评估理论，以及要考虑不同城市间的经济水平约束，融合过程韧性和状态韧性进行双侧的韧性综合评估，还要加强评估韧性中的不确定性。

第三个方向是创新材料、结构协同体系。对于新材料，要做到高韧性、自感知、自修复；对于新构件，需要功能性、耗能、阻隔灾链的功能；对于新结构体系，需要建立一个多级熔断机制的新型抗灾变韧性结构体系。

第四个方向是关于全息全域感知、高保真数据库构建、数字孪生技术应用。主要是强调大范围实时全域自感知，即无线泛在感知和大面积自感应材料形成实时全域感知系统并与外部环境协同感知。

第五个方向是关于基于人工智能技术的自主决策与智能进化方面。基于人工智能技术对城市进行数据收集，包括孪生体的数据。城市在灾链过程中，每次采集到的数据，要进行基于人工智能技术的自主决策和进化，让城市像人一样更好地适应下一次类似的灾害。

第六个方向是关于韧性-智慧管控集成平台的实践途径方面。目前我们亟待构建一个可实现实时数据交互的多维度空间协同构建"韧性-智慧"管控平台（图3），分别是物理空间、信息空间、仿真空间。在物理空间采集到的信息，将其放在信息空间，信息空间十分重要，因为它涉及地势参数反演和海量数据之间的融合。其次，我们在仿真空间利用高效的仿真技术对未来可能发生的演化进行预测，这样三个空间循环交互能够实现最终的韧性管控。

前文做了一些综述和展望，对我们团队来说，我们想提出一种深圳大学未来地下城市研究院 UPA 方案。重视多尺度韧性评估和可视化的研究，并且考虑到人工智能技术应用以及多学科交叉的发展趋势，还需要协同创新。因此，我们初步开发了一个架构，从粤港澳大湾区到深圳市南山区，再到南山区前湾片区，数字孪生体是我们的研究内容之一，其中包含了实际的地下轨道交通网络以及未来可能在地下规划修建的地下物流网络，协同进行发展。我们还有地表地貌、地形、建筑特征等数据，也能做得精细仿真。

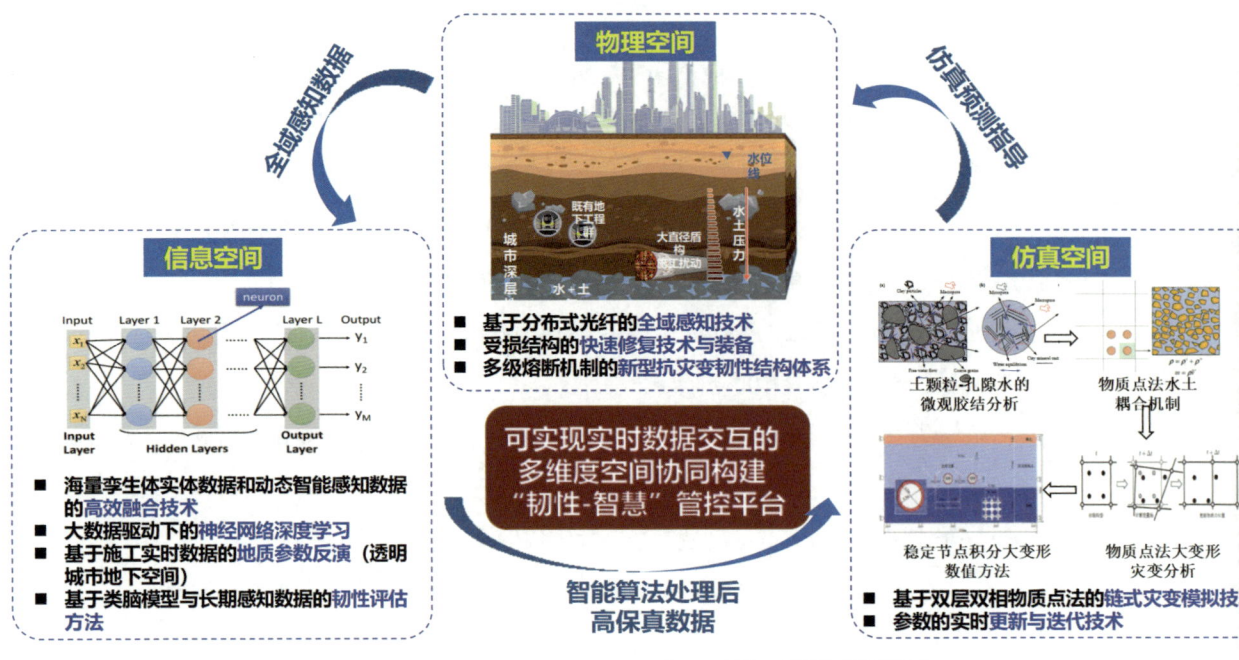

图 3 "韧性 - 智慧"管控平台 PISMC 实践路径 / 实践方法及系统

多尺度、多场景、全要素、多时域的灾变分析方法与韧性评估成果的可视化集成展示平台可以实现以下四个方面的功能：①高精度地下结构（群）和地质体的空间拓扑分布特征（数字孪生体）；②无线泛在感知和大面积自感应材料形成实时全域感知系统（多尺度感知体系）；③针对灾害类型的韧性评估适应性方法（灾变分析和韧性评估方法智能选择与评估）；④基于人工智能技术的自主决策与智能进化方面（对既往经历类似灾害的自主学习、智能适应，以及免疫）。

5. 致谢

城市地下空间系统韧性是一个涵盖非常广的研究课题，研究过程中我们与很多老师进行了探讨并得到了很多启发，包括深圳大学团队的陈湘生院士、苏栋教授、崔宏志教授、包小华教授、金银富教授、林星涛助理教授、熊昊助理教授，以及王恩志教授（清华大学）、陈仁朋教授（湖南大学）、丁文其教授（同济大学）、张冬梅教授（同济大学）、张成平教授（北京交通大学），在此表示衷心的感谢。同时也要特别感谢基金委重大项目、工程院重大咨询课题以及科技部重点研发项目等一系列与"韧性"相关项目的资助。

第三章
Chapter 03

共享空间与基础设施建设

山林场馆，生态冬奥
——复杂山地条件下冬奥雪上场馆设计建造运维关键技术

李兴钢
中国建设科技集团股份有限公司首席专家，全国勘察设计大师

本文摘自作者在"建筑绿色低碳技术国际论坛"上的演讲。

1 前言

北京2022年冬奥会是我国重要历史节点的重大标志性活动，其延庆赛区位于小海坨山南麓，包括国家高山滑雪中心"雪飞燕"、国家雪车雪橇中心"雪游龙"、延庆冬奥村等大型场馆群，其建设规模用地达800万m^2，海拔落差1 400 m，雪道最大坡度68%，最大风力14级，最低温零下40余℃，近邻国家森林公园、生态环境敏感。

高山滑雪项目被誉为"冬奥会皇冠上的明珠"，雪车雪橇项目被称作"冰雪运动中的F1方程式"，是冬奥会中难度最大、最受国际瞩目的两个项目，但在我国起步晚、基础弱，因其"高端定制特征"，场馆建设被国外技术和话语权垄断、国内完全空白。延庆冬奥村包含两个赛后运营的星级酒店，功能需求繁杂。延庆赛区面临着地形复杂、气候严苛、生态脆弱、场馆顶尖、赛后利用五大挑战，其工程建设规模、尺度、难度、高度落差等远超常规冬奥场馆。

针对延庆赛区前所未有的工程挑战，笔者团队承担了"十三五"国家重点研发计划"科技冬奥"重点专项项目，从场馆设计建造、生态保护修复、全生命期利用、新数字化技术等方面开展研究，支撑高质量建成了延庆赛区场馆群，保护了生态环境，打造了积极奥运遗产，形成了适于推广的系列共性成果。

2 创新技术与成果

笔者团队创建了体育运动与生态环境共生的山林场馆建设方法技术体系（图1），在三个方面取得了突破性创新成果。

图1 体育运动与生态环境共生的山林场馆建设方法技术体系

2.1 世界首创了超大型体育赛事设计建造与生态保护修复一体化技术体系

"雪飞燕"拥有世界独特的高山峡谷赛道，赛道最大落差925 m、总长9.43 km，比赛滑速超150 km/h，场馆建于高寒高陡山地，防洪防火抗震要求高，并需适应极端气候和复杂高山环境；延庆赛区临近松山国家森林公园，生物多样性高，国内外社会关注度极高，是冬奥历史上最大规模开展生态保护与修复的赛区，海拔落差超1 400 m。

研究突破了国外高山滑雪场馆设计垄断和复杂地形、严苛气候挑战，首创了"顺形势、弱介入、可逆式"技术（图2）；破解了大型山地场馆建设破坏自然环境的世界性难题，创立了超千米海拔落差生态环境保护与修复技术（图3）。

成果支撑建成了我国第一个冬奥会级别高山滑雪场馆，经国际滑雪联合会认证为世界领先。延庆赛区被誉为最具生态特色的冬奥赛区，获得了国际社会极大关注和高度评价。

2.2 突破国外垄断，创建了世界领先的雪车雪橇场馆赛道气候保护、设计建造技术体系

"雪游龙"是世界第17条、我国第1条雪车雪橇赛道，其传统建设技术话语权长期被德国Deyle公司等少数机构垄断，国内无场馆设计规范、工程标准、材料工艺工法。

图2 "顺形势、弱介入、可逆式"技术应用效果

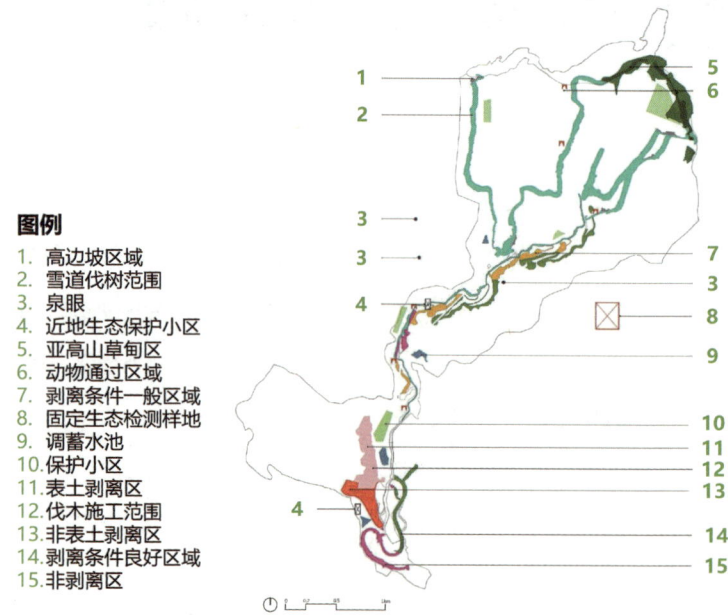

图例
1. 高边坡区域
2. 雪道伐树范围
3. 泉眼
4. 近地生态保护小区
5. 亚高山草甸区
6. 动物通过区域
7. 剥离条件一般区域
8. 固定生态检测样地
9. 调蓄水池
10. 保护小区
11. 表土剥离区
12. 伐木施工范围
13. 非表土剥离区
14. 剥离条件良好区域
15. 非剥离区

图3 生态保护与修复工程分布图

雪车雪橇场馆赛道选址与所在山体条件密切关联，赛区范围内无法选到适合建设的北坡场地，经多方论证，延庆赛道成为世界唯一的南坡赛道和高烈度抗震赛道，国际上缺乏相关经验和标准。

研究破解了世界唯一南坡赛道的难题，世界首创了赛道"地形气候保护系统"（图4），保护98%以上赛道免受太阳辐射及其他气候因素影响。破解了最高抗震［8度（0.30 g）］

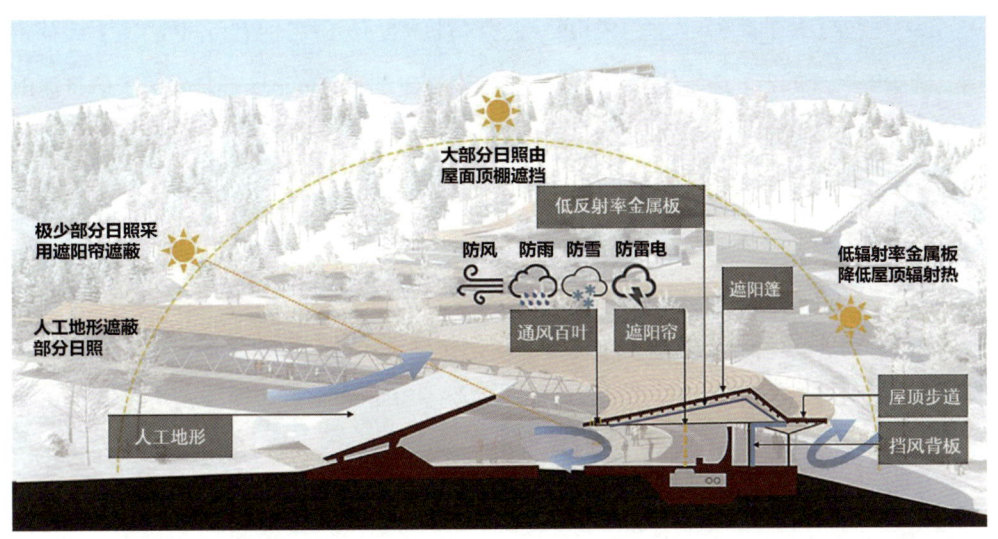

图 4　赛道"地形气候保护系统"

和最高精度（毫米级）的赛道建设难题，世界首创了三维异形曲面超长薄壳赛道设计和一体化成型技术（图 5），打破了国外垄断，提升了国际赛道设计标准。

成果支撑建成的"雪游龙"被国际雪车和雪橇联合会认证评价为世界上最好的滑行中心，突破了通行的场馆选址限制，拓展出国际车橇场馆未来建设的新模式。

图 5　超长薄壳赛道一体化成型

2.3 首创了基于自然环境信息模型的大型场馆超尺度融合和全过程协同数字化技术体系

延庆赛区是世界上最集约进行场馆和基础设施建设的冬奥赛区，超大尺度的自然山体地形场地与赛道场馆等数字化设计建造信息的精准衔接和融合无先例可循。高山峡谷雪道、异形曲面赛道与超大、超长山地场馆的设计、建造、运维全过程信息传递要求极高，传统技术无法支撑。

创建了基于自然环境信息模型的大型场馆超尺度融合数字化设计建造技术（图6），保障了复杂山地条件下超大型场馆工程建设的精确度、安全性和与生态共生目标的实现。创建了基于多场景转换的设计、建造、运维"BIM+"信息协同技术（图7），实现了超大型山地场馆建设全过程信息承继式传递。

成果支撑在极短工期内超预期建设完成延庆赛区场馆群，实现了超大尺度"生态冬奥"场馆建设目标和赛区设计/建造、赛时/赛后全场景运行。

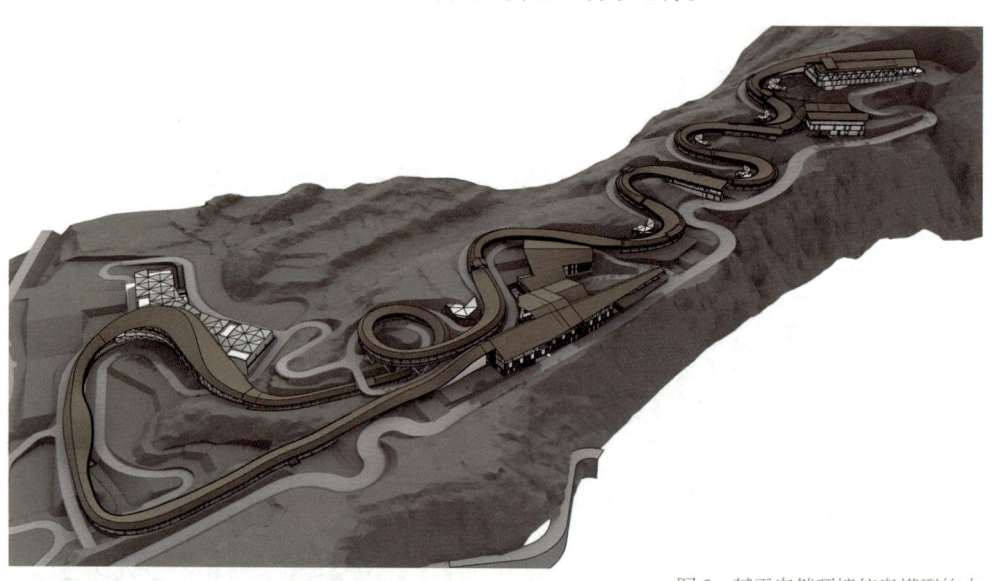

图6 基于自然环境信息模型的大型场馆超尺度融合

图7 包含复杂山地场馆能源调节、交通管理等功能的赛时赛后综合智慧运维管理平台

3 成果推广与效益

本项目研究成果应用于大型体育赛事场馆及大型山地环境工程建设与生态保护、2026米兰冬奥场馆、大众体育娱乐设施、异形结构土木工程等多类型工程建设及行业数字化转型，产生了巨大的环境和社会效益。

3.1 环境效益

建成了体育与生态共生的绿色奥运典范赛区，成为山林场馆、生态冬奥的名片工程。赛区生态修复204万 m^2，山体裸露创伤性修复195万 m^2。赛区内近地移植灌草11 027株；迁地移植乔木24 272棵。亚高山草甸原位回铺2 400m^2；种子库保护40万 m^3。（图8）

图8 体育与生态共生的绿色奥运典范赛区

打造了绿色冬奥工程范例。延庆赛区所有场馆获得绿色三星标识，山地新闻中心建成近零能耗示范，超额完成"所有新建场馆都将满足绿色建筑评价三星级标准"可持续性申办承诺。

构建了赛区建设兼顾环境可持续新路径。赛时全部使用绿色电能；就地消纳施工碎石31万 m^3；无动力溜槽技术零能耗运输10万 m^3 施工渣土；零空气污染、零火灾爆炸风险安装主体建筑结构；水资源综合利用，年总用水量降低30%；雪道融雪污水零排放；国家雪车雪橇中心采用冷热联供系统年均碳排放降低约16万 kg。

3.2 社会效益

支撑从无到有建成了填补空白、满足最高办赛需求的冬奥赛区，为成功举办北京冬奥会做出了重大贡献。五年内从无到有建设了世界最好的滑行中心、世界领先的高山滑雪场馆，建成了"最具挑战性的冬奥赛区"。2021年1月18日，习近平总书记在延庆赛区给予了团队及赛区建设者"中国建设了世界上最好的雪上项目场馆，你们工程建设人员做出了历史性贡献""赛区的建设者了不起，每一个中国人都了不起"的评论。

支撑在冬奥最具挑战赛区全程践行《奥林匹克2020议程》，以科技冬奥示范应用成果向世界展现了中国工程技术的实力和文化自信。国际奥委会北京冬奥会协调委员会主席胡安·安东尼奥·萨马兰奇（Juan Antonio Samaranch Jr）称赞国家高山滑雪中心是顶级滑降比赛的完美场地。国际雪车联合会主席伊沃·费里亚尼（Ivo Ferriani）评价认为"'雪游龙'是2008年以后中国向未来、向世界展现自己崭新形象的典范之一"。

地下空间与城市韧性

周迎新
新加坡工程院院士

> 本文摘自作者在"第十届国际地下空间开发大会"上的演讲。

1 水资源的故事

新加坡是一个土地资源极其有限的城市国家,面对着不断增长的人口和日益加剧的城市化进程,如何有效利用有限的土地资源成了一个巨大的挑战。然而,1965年新加坡独立的时候面临的最大挑战并不是土地,而是水资源问题。通过地下空间的系统性工程管理,新加坡在水资源治理方面取得了显著成就,为全球提供了宝贵的经验。

新加坡的公共事业局(PUB)建立了一个水循环系统,从饮用水的来源、收集、净化和供应,到废水的处理和转化为新水,雨水的排水等,进行完整的规划、发展和管理。

目前为止新加坡全岛已经有17个水库,是世界上最大的城市集水区,长期目标是把集水区从目前的2/3增加到90%。在地下空间方面,新加坡的DTSS深隧排污系统使城市集水区成为可能,污水和雨水采用两套完全分开的系统,对雨水的收集不造成任何污染(图1)。最近建成了新加坡第四个海水淡化厂——吉宝滨海湾海东地下水淡化厂(图2),其地面和新加坡的公园通道相连,向公众开放,这个海水淡化厂的另一个特性在于具有双重功能,既可以对淡水进行净化,也可以对海水进行净化。

从1965年至今,新加坡在治理水资源方面取得了很好的成绩。新加坡雨水多,年降雨量超过2 000 mm。因为地势比较平坦,且很多地方地势较低,新加坡早期到处是涝水。1970年新加坡易涝面积是3 178万 m^2,2022年易涝面积已经减少到27万 m^2。从图3中可以看到,在易涝面积减少的同时,城市化面积增长了很多,所以说如果治理得

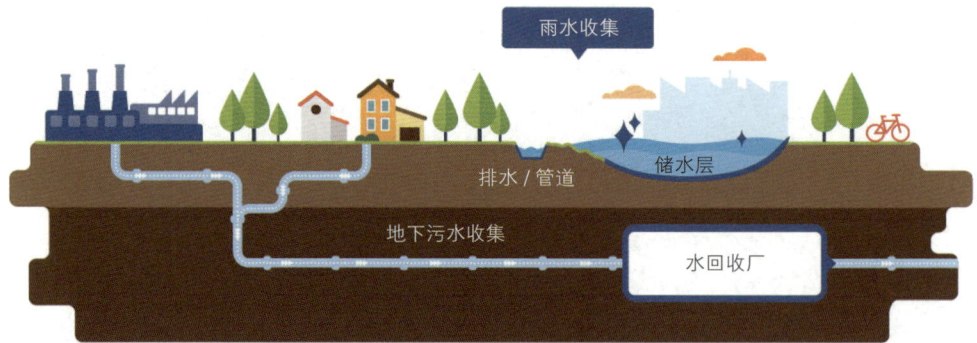

图 1　新加坡的 DTSS 深隧排污系统

图 2　吉宝滨海湾海东地下水淡化厂连接公园

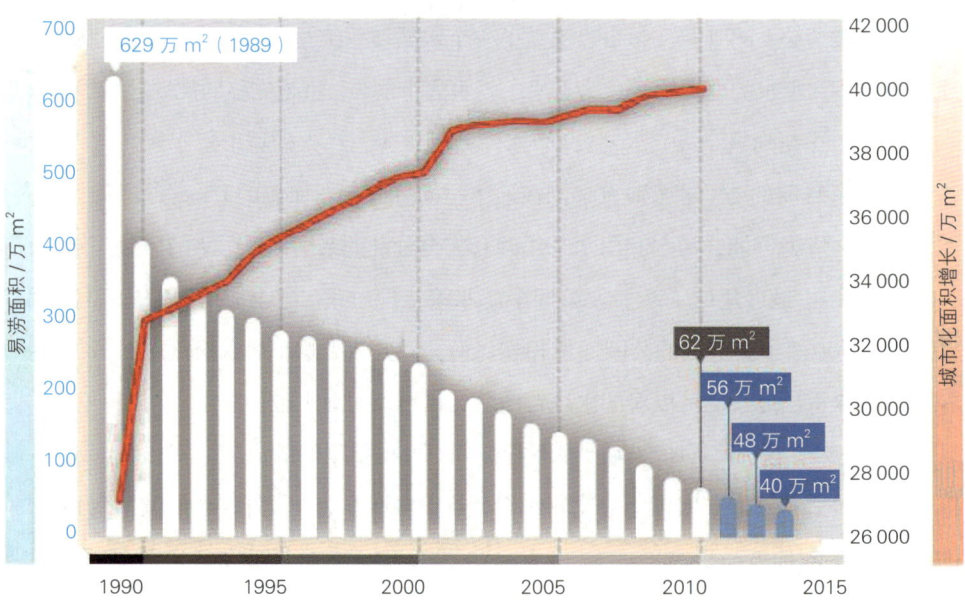

图 3　新加坡易涝面积减少

当，城市发展自身并不会产生"城市病"。另外，2016年有一个机构对世界供水可持续性城市进行排名，新加坡在全球31个国家的50个城市排名22。从非常缺水且经常发生洪涝的状况，发展到这个地步，新加坡水资源治理的成绩是十分可嘉的。

2　应对气候变化的对策

新加坡应对气候变化的对策，主要有四个方面：第一，保护海岸线，填海工程的最低水位由原来的要求（高于1991年创下的最高潮位1.25 m）提高1 m；第二，所有基础设施建筑都有最低平台要求，南海岸发展项目高于新加坡高度基准面4.0 m，北海岸发展项目高于新加坡基准面4.5 m；第三，防洪风险管理，通过及时调整基础设施，以适应海平面上升和降雨强度的长期影响，从而更好地应对极端天气带来的挑战；第四，水资源管理，通过四个国家水龙头，即本地集水、进口水、新生水和淡化水，为新加坡提供强大而多样化的供水，确保城市在各种情况下都能获得充足的水资源。

在水资源和未来防洪管理方面，新加坡实施了一系列规划项目。

ABC水项目，计划做100个不同的规模和内容的水项目计划。如图4所示是在宏茂桥的一个ABC水项目旗舰项目之一，传统的混凝土排水河道改造以后非常漂亮，覆盖了植被，而且排洪量增加了40%，生物物种也增加了30%。

图4　ABC水项目旗舰项目及水渠改造

面对气候变化，新加坡也做了两个韧性城市的百年计划。第一个是在全岛建设一个地下排水及水库系统，以实现排水、防洪、蓄水、储能的作用（图5）。地下水库的碳足迹远小于与海水淡化或新生水，还可以缓解土地资源紧张、水安全问题、水蒸发问题等。第二个是长岛计划，是面对未来的海平面上升的另一个百年计划。从樟宜机场东部到南部，对全岛进行规划，起到了保护海岸线、创造土地空间、收集雨水、防洪的作用（图6）。

以新加坡水资源为背景，来讨论城市韧性的话题。什么是城市韧性？城市韧性是指城市系统、企业、机构、社区和个人无论经历何种长期压力和急性冲击，都能生存、适应和发展的能力。新加坡的水资源问题对于城市来说就是一个长期的压力。而在城市系统的存活、适应和发展方面，最好的办法是在规划设计时就把这些风险排查解决掉。

最近几年气候变化加剧，气温上升、海平面上升、极端天气频发，已经形成了气候危机。去年武汉干旱的时候长江已经见底了，鄱阳湖干旱的时候湖水的面积减少了75%。2021年郑州洪水造成了人员伤亡和经济损失，都是非常惨重的。美国USGS（Holmes & Dinicola, 2010）在讨论防洪的一篇文章里说，"百年一遇的洪水15年发生了两次！"在防洪规划设计方面，由于使用的都是历史数据，气候发生变化以后，这些数

流向地下

新加坡公用事业局正在探索利用地下空间来保护新加坡的内陆和沿海地区免受洪水影响，以应对气候变化和强降雨导致的日益严峻的海平面上升威胁

图5　地下排水及水库系统

图6　长岛计划

据都没有用了,因为气候变化会缩短洪水周期,而且会增加降雨量峰值,从另外一个角度而言,现代城市需要更好的保护。俄乌战争也充分暴露了城市基础设施非常脆弱的一方面,也突显了防护的重要性。

3. 地下空间助力可持续发展和韧性

如果说天塌下来,我们能去哪里?去地下!

地下空间在城市韧性和可持续发展中起着至关重要的作用。具体表现为:

(1)土地节约与紧凑型城市。地下空间利用有助于节省宝贵的地表土地资源。通过将基础设施和公共设施转移到地下,城市可以腾出更多的地表空间用于绿化和公共用途,提升城市生活质量。

(2)节能减排。地下设施通常具有较高的能效,减少碳排放。地下空间的恒温特性使其在能源消耗方面具有显著优势,有助于实现低碳城市的目标。

(3)安全防护。地下空间提供了卓越的防护性能,抵御外部攻击和自然灾害。例如,地下建筑能够有效抵御爆炸、火灾和极端天气的影响,提供安全的避难场所。

地下空间的防护和安全性基本上体现在三个方面:一是防止外部攻击,比如对外部武器或车辆炸弹的卓越保护,具有显著的操作优势(难以定位、识别、打击和评估损害,能抵抗外部火灾、大风和意外爆炸损害,具有非常好的隐蔽性和伪装,具有强大的物理安全性，易于控制访问）。二是能保护外部环境免受高危物品事故的影响，比如炸药、石油、有害物质等储存在地下，对外部环境的影响基本上可以降低到很小。三是防护成本最低。地表建筑由于更容易暴露在辐射下，损害和伤亡会很高，从这个角度而言，地下空间有很大优势，而且防护要求等级越高，地下空间的防护成本相对于地表建筑就越低。

很多关键基础设施都充分利用了地下空间防护的优势，如运输系统和公用设施、两用防空洞、电信、民防控制中心、清洁水／食物的储存、战略石油储备和天然气储存、国家档案馆、发电站等。

例如，1994 年挪威冬季奥运会的主赛场就放在世界上跨度最大的人造洞室里，这个洞室既是体育场又是音乐厅，可以容纳 5 000 人，战时可用作防空洞（图 7）。这一设计不仅充分利用了地下空间，还展示了其在多功能用途和安全防护方面的优势。

发生地震时，绝大多数情况都是地面设施受损严重，地下设施受损相对少很多。

图 7　挪威地下体育场

2011 年日本仙台地震时，地铁和铁路网络的地下部分仅受到轻微破坏，而靠近海边的大部分地上天然气设施被摧毁；位于地下液化天然气储罐安全，而地上发电厂被摧毁；地下输电线路仅在 14 处受损，水管网络和高压天然气管道也只受到轻微破坏。

1969—2021 年发生过四次核电事故，唯一一次没有出现任何伤亡和损害的就是瑞士的地下核电站。从福岛核泄漏事故来看，地下洞室是抵御外部威胁或危险的最佳保护，只有深洞才能限制大气中的放射性物质排放，最大限度降低对外部的影响。

城市基础设施是一个非常复杂的网络系统，各系统之间相互依赖。在规划和发展方面必须要从系统的角度出发，综合考虑各基础设施之间的关系，从而达到城市韧性的优化。加速的气候变化和地缘政治冲突暴露了城市基础设施的脆弱性。而且，过去的气候假设已过时，历史数据不再适用于当前的气候条件。所以在城市规划和设计需要基于最新的气候数据，确保城市能够适应极端天气和海平面上升等新挑战。

地下空间在城市韧性和可持续发展中具有独特的优势，包括节省土地、建设紧凑型城市，节约能源和减少碳排放，以及安全和防护。通过系统性规划和充分利用地下空间，我们可以更好地应对气候变化和其他城市挑战助力城市可持续发展和城市韧性。

参考资料

1. Hermansen T. "Strategic Infrastructure, defence, combined purposes." in Sustainable Underground Concepts[J]. Norwegian Tunnelling Society, 2006, 15.
2. Robert R, Holmes R.R, Dinicola K. "100-Year Flood - It's All About Chance." U.S. Geological Survey. General Information Product 106.
3. Public Utilities Board(PUB), https://www.pub.gov.sg.
4. The Straits Times, 2023. PUB explores underground space to protect Singapore against rising sea levels. 03/01/2023.

中国城市近零碳社区建设案例与经验

张亚龙
深圳市龙岗区科创可持续发展研究院院长

> 本文摘自作者在"2023年世界城市日'城市环境'主题论坛暨第四届上海城市家具高峰论坛"上的演讲。

2023年7月全球气温创下新高,联合国秘书长古特雷斯呼吁:"全球变暖的时代已经结束,全球沸腾的时代已然到来,极端天气只是人类通向地狱的路标。"我国实现碳中和比欧美面临更大挑战,从排放总量看:我国碳排放总量约为美国的2倍多、欧盟的3倍多,实现碳中和所需的碳排放减量远高于其他经济体。从发展阶段看,欧美已实现经济发展与碳排放脱钩,我国尚处于经济上升期、排放达峰期,工业化、城市化快速发展,需统筹考虑控制碳排放和发展社会经济的矛盾。从脱碳时间看,我国碳达峰到碳中和的时间远短于美国与欧盟。但基于全球可持续发展的长远目标,碳中和行动迫在眉睫。

零碳是未来城市更新和发展的方向,也是实现城市可持续发展的核心,而碳中和则是量化城市可持续发展成果的关键词。现有条件下,零碳城市的核心在于"实施近零碳排放区示范工程",这一概念在2015年3月《中共中央关于制定国民经济和社会发展第十三个五年规划的建议》中首次提出。在国家碳达峰、碳中和的目标愿景下,我国亟须立足现有低碳试点的建设基础,在区域、园区、社区、校园、建筑、企业六大试点大类中,开展近零碳排放示范区的建设工作,以支撑我国"30·60"目标的实现。

剖析零碳背景下城市的每一个细胞、单元和场景,我们可以发现作为城市的细胞,社区正是零碳城市建设的基础。然而传统社区运营已成规模化,因此零碳城市下的社区建设更多是对传统社区的改造升级。要实现整个城市碳中和,以及在未来30年实现数字化,唯一一个最低成本、最高效能和真正能够实现效率、成本、资源平衡的最佳路径就是云碳。位于深圳国际低碳城高桥村北侧的新桥世居近零碳社区，创新性地提出零碳细胞（居民），零碳单元（家庭）和零碳场景（社区）多维互动的零碳社区建设理念，集成应用百余项绿色低碳技术，聚焦云碳智慧平台、清洁能源、绿色出行、绿色建筑等内容，基本实现了社区近零碳排放（图1）。

图1　新桥世居近零碳社区

进入社区的居民，通过扫码登陆，即可与社区碳智慧管理平台打通，居民以及访客等建立基于大数据和人工智能支撑的个人碳中心，自身碳足迹和碳排放等一目了然。通过对社区居民与访客的集中碳管理，修正绿色出行模式和生活习惯，实现居民个体近零碳。根据测算，上述社区每年的基本碳排放约630吨，由社区内的各项节能降碳设备和技术可完成约580吨的减碳任务。剩余的50吨碳排放，将通过建立碳账户对社区居民与访客进行碳管理。居民可以通过绿色行为在碳账户获取碳积分，碳积分可以在碳商城换购商品，或者在碳交易平台进行售卖，以此推动居民践行零碳生活（图2）。

在建设近零碳社区的过程中，我们发现关注的重点也在发生变化，前期我们更注重技术创新，中期我们注重模式创新，后期我们注重运营创新。个成功的社区需要让居民的行为变成主力，而不是让技术改造成为主力，一旦技术改造成为主力的时候，刚性投入或者硬性减碳能力是绝对不可能少于千万级的，这是我们发现的问题。我们把大量的时间和精力放在了如何科学界定居民行为，科学引导居民行为，同时把行为变成数据，数据变成和碳积分对应的碳资产拿到交易所。只要舍得花钱，社区减碳很容易，但面对

图 2　新桥世居云碳平台

一个大尺度城市和国家的层面，我们必须重视到资金层面的问题。所以，我们必须把碳中和改造的重心放在运营上面，让城市居民进入的是一个生活场景，而不是进入一个科技世界（图 3）。

图 3　新桥世居实景图

因此要实现整个城市碳中和，以及在未来 30 年实现数字化，唯一一个最低成本、最高效能和真正能够实现效率、成本、资源平衡的最佳路径就是云碳。同时，技术是一柄"双刃剑"，对技术的评估和对资源的评估一定要系统、平衡。实现城市碳中和数字化一方面需要从模式、运营和技术三大维度进行不断的创新，通过发展净零碳智能建筑、推动 AI 赋能碳数据分析，另一方面也要求更多的社会力量和资源加入进来，同心协力实现双碳的终极目标，打造零碳未来。

今天的核心是近零碳社区，一是数据化，二是运营，必须通过运营实现真实的数据，评估这个社区的低碳能力是否持续，这是非常关键的。不能单一的强调快，也不能单一的强调所谓的新，我们必须强调持续。所以我们希望最终在原有的智慧城市大脑的背景下，能够把我们的碳平台融入智慧中去，更多的让我们所谓的减碳、数字化，让我们的数字化能够支撑我们的碳资产的形成，通过碳资产的形成，能够面向交易市场变成碳金融，背后就是一系列的资本和技术的注入，只有这个能够形成，我们才能得到真正的资金保证，才能得到跟技术最佳匹配度的成果保障。

城市的"碳中和"、社区的"碳中和"，其核心是人的"碳中和"。我们希望大家在近零碳社区这样的未来生活场景当中有更多的参与、更多理念的改变，行为的改变和使命的担当，只有我们每个人认为碳就是我的事，就是子孙的事，低碳就真的可以实现。

解决双碳问题，不仅在于技术的进步，技术再进步，观念不进步，依然不可能低碳。这也是一种小的倡议、小的期待，期待我们每个人都成为低碳的践行者和传播者，谢谢大家！

重塑功能，重现风貌
——上海城市更新与历史文脉传承的实践与探索

刘千伟^{*}　**陈　卓**^{**}

* 上海市住房和城乡建设管理委员会总工程师
** 上海市住房和城乡建设管理委员会城市更新处副处长

文摘自作者在"传承历史文脉 创建科技新城"论坛上的演讲。

城市的生命在于不断更新并持续迸发的活力，更新是城市永恒的状态和不变的主题。党的二十大作出"实施城市更新行动"的决策部署，城市更新已成为顺应城市发展规律、推动城市高质量发展的必然要求。

上海作为历史文化名城，历届市委市政府高度重视历史建筑和历史风貌保护工作，反复强调做好历史风貌、历史建筑保护是城市管理者的重大责任，上海在实施城市更新行动中持续推进历史文化遗产和历史风貌资源的高标准保护、高品质利用、高水平传承，打造中国式现代化历史风貌保护更新的"上海样本"。

1　案例一：静安区张家宅福田村旧住房改造项目

上海的里弄房屋是海派建筑的典型，融合了中西居住文化的精华，更承载了数百万人生活的空间。1988年，正值上海——鹿特丹友好城市年度互访交流之际，城市旧住房改造纳入两市交流合作备忘录。1992年双方选择地处中心地段的静安区张家宅街坊福田村（图1、图2）作为中荷友好合作的旧房改造实施试点。引入新的设计理念，在对原有建筑风貌、建筑体量、布局和结构体系充分的保护前提下，参照荷方民众居住的成套住宅现行标准，进行内部改造更新，并引进荷方的新材料、新设备，改善提高建筑功能质量。改造完成后，每户都设有独用的灶间和卫生间，人均居住面积大于 $8\ m^2$，达到当时上海的小康标准。

虽然福田村的改造标准在今天看来比较低，但是30多年前的福田村、蓬莱路303弄等一批探索性项目，大大推动了上海旧住房改造进程，为后续有计划开展的旧住房成套改造积累了丰富经验。上海认识到解决城市住房问题，不能仅仅是简单地推倒重来，而是重要的价值决策问题，没有一劳永逸的途径，应不断努力寻求满足人们居住需求的多种途径。虽然当时对老旧建筑改造、扩建、利用不一定是从保护传承角度出发，但却使大家认识到近代建筑保护利用的价值和可行性，里弄住宅是城市形象的主体，它代表的特定历史文化价值，是不可替代的。

图1 改造前的福田村

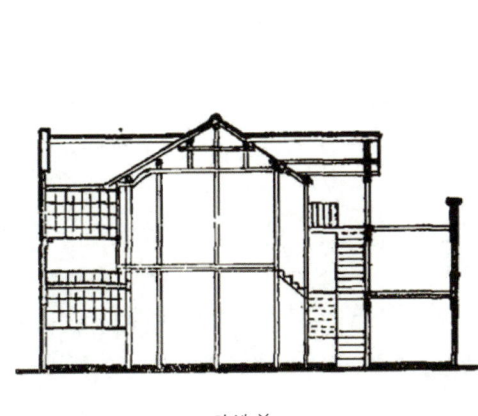

改造前

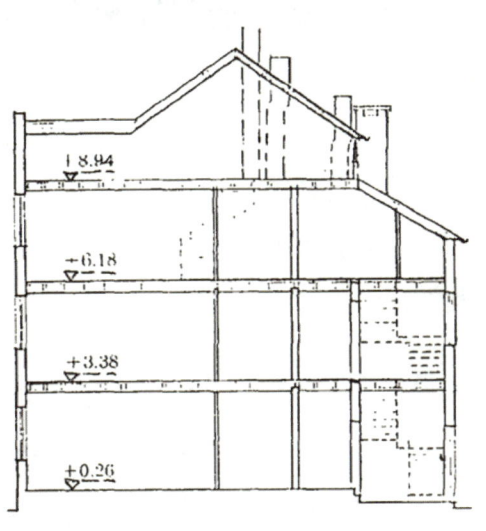

改造后

图2 福田村住宅改造前后剖面图

2　案例二：黄浦区外滩源（一期）项目

2003 年《上海市历史文化风貌区和优秀历史建筑保护条例》实施，市委市政府提出"建立最严格的保护制度"，上海成为全国范围内最先关注近代建筑和风貌区成片保护的城市。全市选取外滩源、思南路、建业里等 15 个片区，开展成片保护整治试点，"强化特色、优化空间、美化环境、在整治中实行严格的保护制度"。其中，黄浦区外滩源（一期）项目（图 3），重点对 10 多幢历史建筑保留原貌、修旧如故，通过调整使用功能和商业业态进行改造、提升、经营。

图 3　外滩源苏州河沿岸

这一阶段，在单体保护基础上提出了成片保护性整治改造的概念，实施"拆、改、留"并存的分类保留保护，既避免了推倒重来的大拆大建，也不是僵化的"豢养"式保护。项目引入社会力量参与保护，探索"利用市场机制，鼓励企业参与，政府政策扶持"。

3　案例三：黄浦区新昌城 7 街坊项目

2017 年起，市委、市政府将工作思路从"拆改留并重，以拆除为主"转变为"留改拆并举，以保留保护为主"，提出了"坚持'留改拆'并举，深化城市有机更新，进一步改善市民群众居住条件"的工作要求。

新昌城 7 街坊项目（图 4）是成片旧改地块，同时也是风貌保护街坊。通过风貌评估细化甄别，结合规划实施方案先行，确定了地块上历史建筑采取不同的更新方式，保留历史建筑原址修缮或平移修缮，一般历史建筑保留里弄历史格局以及特色建筑立面、

图4　新昌城7街坊项目设计方案鸟瞰图

构件和其他风貌要素、空间肌理特征（图5）。项目实施过程中，管理部门创新了"红黑图"，作为贯穿全过程的风貌保护管理依据和标准，通过规划、建设管理等环节，加强风貌保护全链条闭环管理。

图5　有价值构件的保留

以上三个案例，展示了上海不断强化历史建筑和风貌保护的发展历程。近年来，在实施城市更新六大行动中，上海坚决落实"留改拆"指导思想，守护城市底蕴，传承城市文脉，正加快推进一批重点项目，形成一批可持续、可复制的更新模式。

4　案例四：青浦区蟠龙天地城中村改造项目

在4 000多幢优秀历史建筑得到妥善保护的同时，历史风貌保护由中心城区向郊区古镇不断延伸。

青浦区蟠龙天地城中村改造项目（图6、图7）内的蟠龙历史文化风貌区是上海44片风貌区之一，是上海首批"城中村"改造项目中最后获批、首个完工的示范项目。项目引入瑞安集团作为合作伙伴，深入挖掘蟠龙镇1 400余年人文历史，还原"蟠龙十景"等城市肌理，保护和延续古镇街巷尺度和肌理、历史建筑、历史环境，结合当代元素，重现水乡古镇风貌。项目就近安置原住村民，改善居住条件的同时，保留村民与地域的情感联系，使得村民能够共享改造成果。

图6 蟠龙城中村改造效果图

图7 蟠龙天地实景图

5 案例五：虹口区167街坊瑞康里项目

虹口区政府和地产集团以瑞康里风貌保护街坊（图8）为试点，探索提高城市品质、延续历史文脉、共担改造成本、新老居民共生的城市更新新模式和资金平衡新机制。截

图 8　瑞康里沿街立面效果图

至 2023 年底项目签约率超过 98%。

瑞康里的探索标志着从单纯关注作为"物"的历史建筑本体保护，发展到"见物见人"的风貌整体保护，为达成这一目标，项目进行了模式、机制的探索和突破：第一，以居民自愿申请方式，提供腾退、就近换租、回租、回购、共有产权等多元的安置渠道；第二，保持石库门里弄风貌肌理，延续城市文脉，同时坚持高品质建设，完善公共配套；第三，通过回租、回购、混合产权等多元安置方式，鼓励街区新老居民共生，守住"烟火气"；第四，发挥金融杠杆作用、共担改造成本等机制创新，有效降低成本，实现长周期基本平衡。

6　案例六：黄浦区 160 街坊（老市府大楼）保护性改造项目

黄浦区 160 街坊老市府大楼（图 9、图 10）为上海市文物保护单位，更新前，配套设施陈旧，内部结构混乱，存在不同程度的搭建等问题，严重影响了文物和历史风貌的保护。2019 年作为市城市更新示范项目和外滩"第二立面"先行项目率先开工。

老市府大楼设计之初应是一幢围合式建筑，但 1922 年竣工之时，大楼一直保持着有缺口的半围合状。通过此次更新，对照原设计图纸补全缺口，历经百年老大楼重新实现了初始设计中的建筑围合。

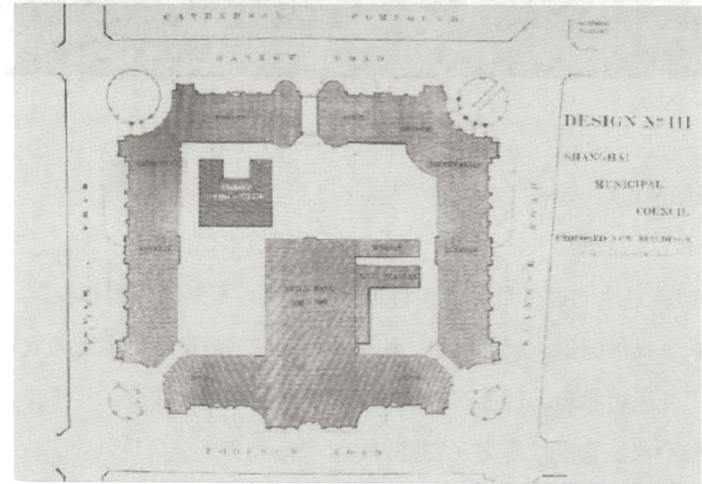

图9　改造前的老市府大楼及历史设计图

图10　改造后的老市府大楼

7 案例七：静安区张园保护性更新工程

静安区张园（图11）地处南京西路历史文化风貌区。20世纪20年代后，张园先后建成了28种170多幢不同风格的石库门建筑，是上海现存规模最大、保存最完整、建筑风格最丰富的石库门建筑群之一。项目通过"征而不拆、人走房留"的方式实施更新，尽最大努力原物留存石库门里弄建筑和巷弄肌理，是成片里弄保护的新典范。

图11 修缮后的张园内景

在建筑保护上，张园实施"绣花针"式的精细化管理，建立"一幢一策一方案"分类实施保护，制定首个历史建筑看护地方标准。技术上，由于张园保留了近90%的地上历史建筑，为开发利用地下空间，张园东区采用国内最先进的"步履式"建筑平移技术（图12），通过"华容道"式的平移腾挪，实现保护、开发两不误。

图12 "步履式"建筑平移技术

8 案例八：长宁区上生·新所更新项目

长宁区上生·新所项目是保护更新类型从以居住类成片里弄为主，拓展到产业园区和商业商办的代表。经历百年历史沿革，园区内有孙科别墅（图13）、哥伦比亚乡村俱乐部、海军俱乐部及附属泳池等保护建筑（图14）、11幢工业建筑遗存及4幢当代建筑。更新过程中，针对每幢建筑量身定制改造方案，各个时期的代表建筑都得到了尊重，最大限度地保护来之不易的建筑多样性。"以用促保"的理念在项目中得以充分体现，实施主体通过向产权人长期租赁方式实施更新和运营，将商业地产运营管理与历史建筑保护有机结合。

图13 孙科故居

图14 海军俱乐部附属泳池

9 案例九：浦东新区张江水泥厂工业遗产更新项目

张江水泥厂（图15）处在浦东新区的"金色中环发展带"上，前身为始建于1971年的川沙冶炼厂，工业遗存形态独特，在保留"万米仓""筒仓""窑尾"等历史建筑基础上，整体转型开发为产业共生、建筑多元、人文共享的复合型产业园区（图16）。项目邀请到12位国内外知名大师联袂设计，充分展现建筑艺术的共生力量，"以用促保"的概念得到社会广泛认同，并延伸至特殊形态的工业遗存保留。

图15　浦东新区张江水泥厂项目方案鸟瞰图

图16　国内外知名大师的改造方案

10 案例十：长宁区苏州河华政段滨河景观提升工程

2021年，长宁区在苏州河公共空间贯通的基础上，打通苏州河沿河步道与华政校区的物理分隔，并打造十个公共空间景观节点，将华政校园整体风貌作为苏州河沿线景观的一部分。2022年，进一步推动华政校园与中山公园的融合开放，打造无隔阂的慢行空间网络。将历史文化保护传承的理念进一步拓展至"一江一河"区域（图17）。

2023年是上海市全面推进实施城市更新行动的起步年。上海在实施城市更新行动中，积极践行"人民城市"重要理念，努力做好历史文脉保护传承，留住城市记忆、为人民群众提供情感寄托的同时，绘出一幅高质量发展、高品质生活、高效能治理的生动图景。

图17　改造后的苏州河滨水开放空间

第四章
Chapter 04

人本城市建设与软实力提升

我国大城市住房租赁市场结构错配及治理[1]

虞晓芬
浙江工业大学中国住房和房地产研究院院长

本文摘自作者在"住房租赁专题论坛"上的演讲。

中国城镇化的速度之快、规模之大，均创造了人类历史上的奇迹。2023年全国城镇常住人口规模达到9.33亿元，比2010年净增加2.63亿人，比1980年净增加7.42亿人。在人口流动过程中，产生了规模庞大的租赁住房需求，目前超过2亿人通过租赁住房解决住房问题，形成了世界上最大规模的住房租赁市场。中国住房租赁市场的发展经历了从完全市场行为到政府给予大力政策支持、从无序到有序的转变，有效地解决了大量新市民住房困难。但是，由于大城市新市民规模大、房价高，住房租赁市场供需错配还比较严重，需要着力改进。

1 人口结构变化与住房租赁市场发展

1.1 我国住房租赁市场发展的四个阶段

随着人口流动加大、租赁人口增加，国家对住房租赁市场越来越重视，可以分为以下4个阶段。

（1）无组织发展阶段（2011年之前）。当时，政府对租赁住房市场有组织、有计划的支持几乎为零。面向低收入住房困难群体的廉租住房，要求各地主要通过筹集市场化房源和货币化来解决。

（2）初步有组织发展阶段（2011—2014年）。这一阶段，以《关于加快发展公共租

---

[1] 本文为国家自然科学基金（72274176）阶段性研究成果。

赁住房的指导意见》（国办发〔2010〕4号）的发布为标志，政府开始主动加大低租金公共租赁住房，旨在解决城市低收入、中等偏低收入家庭住房困难。一方面要求地方政府投资建设，另一方面鼓励引导各类投资主体建设职工或产业园区就业人员。这一时期兴起了一轮建设公共租赁住房的热潮，尤其是一部分大企业筹措建设面向员工的宿舍，解决了一部分中低收入家庭和新市民住房困难。但遗憾的是，后来相关支持政策不到位，企业逐渐退出公共租赁住房建设。

（3）培育和发展阶段（2015—2019年）。2015年国家明确要建立"租购并举"的住房制度，2016年国务院办公厅下发《关于加快培育和发展住房租赁市场的若干意见》（国办发〔2016〕39号），从培育市场供应主体、鼓励住房租赁消费、支持租赁住房建设、加大政策支持力度等方面提出实施意见。随后，中央财政对24个大城市提供专项资金支持；金融机构也加大对住房租赁项目信贷支持；住房公积金全面支持租赁提取；政府出台了支持专业化租赁企业发展的税收支持政策等。大城市涌现了一批专业化租赁企业，他们积极创新项目筹集方式、产品和服务，推动了各地住房租赁市场的发展。

（4）加快发展阶段（2020年至今）。尽管各地开始重视租赁市场发展，但是，我国大城市新市民、青年人规模大，"买不起房、租不好房"的问题依然突出，还有大量人口租住在城中村、老旧小区和棚户区中。如果大量建设公租房，政府财政难以承受；而市场上低租金、小户型租赁住房供给又严重不足。因此，2021年国家进一步出台《关于加快发展保障性租赁住房的意见》（国办发〔2021〕22号），明确政府进一步加大用地、税收、金融、民用水电价格等支持，鼓励市场化机构增加略低于市场租赁价格的租赁住房供给，缓解住房租赁市场结构性问题，到2023年9月全国已累计筹集保障性租赁住房508万间。

1.2 人口持续向大城市集聚，大城市租房需求规模大

我国人口向大城市集中态势明显，住房租赁市场已经形成了庞大的规模。根据第七次全国人口普查（以下称"七普"）数据，2011—2020年，深圳、成都、广州、郑州、西安、杭州、重庆、长沙年均常住人口增量超30万/年。北京、上海、杭州、宁波、苏州常住人口中租房家庭户占比超过30%，见表1。2022年北京租房人口约为730万人，超过全市人口的1/3，但全市仅200万套用于出租，同时每年还有15万大学毕业生进入租房市场。上海常住人口为2 487.1万，租房人约为995万，但存量机构化运行的集中式长租公寓只有15.7万套左右。大城市适合新市民、青年人需求的租赁住房总量上还是不足的。我们要充分认识到发展租赁市场的重要性，通过积极发展租赁市场来解决大城市的住房问题。

表 1　第七次人口普查部分大城市家庭户规模及租房比例

序号	城市	2020 年常住人口户数	2020 年常住人口中租房家庭户占比 /%
1	上海	9 095 041	38.74%
2	北京	7 770 769	35.44%
3	成都	7 076 572	22.40%
4	杭州	4 113 283	40.42%
5	西安	4 050 039	23.13%
6	苏州	3 918 580	30.12%
7	宁波	3 618 432	40.68%
8	郑州	3 481 832	20.00%

数据来源：第六、七次全国人口普查。

1.3 大城市租赁住房市场发展成就

在国家政策大力支持下，我国住房租赁市场得到了比较快的发展，主要体现在四个方面：一是租赁住房市场的规模在扩大，住房租金水平总体稳定。二是机构化租赁主体不断成长。出现了一批机构化的租赁主体，在租赁市场健康发展的过程中发挥了重要的作用。2022 年，TOP10 企业累计开业规模 62.77 万间，环比增长 2.63%；2022 年共有 4 只 REITs 发行上市，累计规模 50.05 亿元，实现了保租房 REITs 从 0 到 1 的突破。三是保障性租赁住房发展取得阶段性成果，已解决了 1 000 多万新市民、青年人住有安居问题。四是租房居住品质有较大提升。经过棚户区、城中村改造，取代它们的是大量品质租赁住房供应，特别是机构化运行的长租公寓（集中式、分散式）提供的规范、多样化、较高品质的租赁房源满足了新市民青年人"住得好"的要求，城市住房居住水平整体得到大幅改善，以杭州十城区为例，非杭州户籍居民租房户的人均住房面积达到 25 m^2。

2　大城市住房租赁市场错配问题

在充分肯定成绩的同时，也必须要看到大城市住房租赁市场错配问题仍然严重，发展住房租赁市场任重道远。

（1）区域错配。主要表现在：城市内部存在较严重的租赁住房"供大于求"或"供不应求"的结构性问题。以杭州为例，如果按区域内租房人口每人达到住房面积 25 m^2，以及区域内租房就业人口中有40%能居住的本行政区，利用大数据计算结果是：拱墅区、西湖区、滨江区、老的上城区都存在较大的供给缺口，而临安区、临平区、富阳区等供给充足。

（2）职住错配。职住分离增加了城市的运营成本，而且影响百姓的获得感。以杭州为例，多个区域租房就业者职住不平衡，如拱墅区、西湖区、滨江区、老的上城区租房就业者居住在本行政区内的比例低于30%。

（3）品质错配。传统住房租赁市场存在房产品质错配、服务品质错配的问题。新市民、青年人对居住条件需求从原来的"有地方住就行"转变为"要有一定品质才行"。例如，根据自如调研，25%以上的租客会自己购买保洁服务；50%以上的租客会自己购买维修服务；因自如在杭州提供了相对专业化服务，其经营的租赁住房平均交易周期为32天，比普通租赁住房交易周期缩短11天。

（4）价格错配。从杭州来看，外来务工新市民对租金价格的承受力在1 000元/（月·间）左右，大学生在2 000/（月·间）左右，而市场上与之适配的中低价位、又有独立空间的房源短缺。

（5）户型结构错配。以杭州为例，一室租赁住房需求超过60%，但市场上一室租赁房源供给不到20%，二室及以上户型的租赁住房，供给大于需求。自如数据显示，北京三居及以上房源约71万套，占比30%，整体供给量大，但整套出租困难大。北京、上海、广州、深圳四城市整租三居及以上出租率始终低于合租和整租一居、两居出租率。户型结构的供需错配明显。

3　大城市住房租赁市场错配治理

（1）优化用地规划，统筹处理好生活和生产关系。优化产业用地与居住用地配比，坚持职住平衡，大力发展产业社区。以宁波杭州湾新区混合社区为例，在用地规模阶段，就根据就业人口数量与结构，规划了混合社区，涵盖了集中式租赁住房、可销售住房、生活配套、娱乐休闲及商务会议等各个方面，满足居住者生活、工作以及企业商务需求。在布局上，以使用便捷性为原则，在满足疏散的要求下，尽可能紧凑安排。

（2）坚持公共交通导向型开发。充分借鉴日本经验，日本集中式租赁住宅选址一般在地铁、新干线、公交等车站附近，出行便利。统计显示，日本公营租赁户每天通勤时间在30分钟以内者的占比达64.14%，远高于自有住宅居民49.10%的占比。

（3）加快租赁住房筹集。坚持在守住安全底线原则下，"愿改则改""能改则改"。

积极探索产业园区配套用地、集体经营性建设用地、村级留用地建设、农居安置房集中收储转化及非居住存量房屋改建等渠道，不断丰富项目类型。充分调动政府、企业、村社、村民、银行多方力量，构筑"政、企、村、民、银"五方主体融合治理，多主体供给，引导用人单位分担解决员工安居之责任。

（4）完善供给体系。可借鉴韩国经验，支持多层次供给。韩国租赁住房占总住房存量40%以上，且层次分明、种类丰富。既有面向最低收入阶层、低收入阶层的租赁住房，又是面积青年人、新婚夫妻、老年人群体的针对性租赁住房，既有长期租赁又有"先租后售"，采取不同的供应政策，适应多样化需求，值得我国借鉴。

（5）加大金融支持。大城市住房市场已步入存量时代。下一阶段需通过资产管理来获得更多稳定的收入。要积极支持住房租赁项目REITs，为开发商提供新的融资渠道；通过积极主动的资产管理来增加租金收益，带动整个租赁市场质量不断提升。

（6）加快租赁市场立法与管理制度建设。通过立法，建立支持租赁住房发展健康稳定发展的政策环境，规范租赁从业者和机构行为，加强承租人权益保障等。

（7）加强智慧化、精准化、高效化租赁管理。杭州打通多部门大数据，构建杭州市智慧住房租赁平台，将租房与人口、土地、住房、保障等系统考虑，实现"人房地"一体化智慧管理和精准决策，值得各地借鉴与推广。

促进医防康养融合发展，全面提升健康服务能力

李 晖* 徐佳玗** 颜 骅***

* 上海市徐汇区斜土街道社区卫生服务中心副主任，主任医师
** 上海市徐汇区斜土街道社区卫生服务中心院办主任，副主任医师
*** 上海市徐汇区老年护理医院院长，副主任医师

本文摘自作者在"康养结合、医防融合——中国上海2023'世界城市日'老年康复协作交流会"上的演讲。

随着城市化进程的加快，城市老龄化问题日益严峻，老年人的生活质量和健康服务需求成为社会关注的焦点。社区卫生服务中心作为城市健康服务的基石，在疾病预防、医疗救治、健康管理、养老照护等多个方面发挥着重要作用。

1 中心基本情况

1.1 历史底蕴与现代转型

中心创建于1937年，前身为"伯达利产科医院"，1960年12月更名为"日晖医院"（二级乙等）。2004年5月，为响应社区卫生改革需要，改制为斜土街道社区卫生服务中心（图1）。近年来，中心致力于提升医疗服务品质和患者就医体验。2021年3月，中心进行布局再造、流程优化，实现社区医疗和健康管理分区管理、并行服务，为患者提供更加便捷、舒适的就医环境。

图1 斜土街道社区卫生服务中心

1.2 服务范围与人口覆盖

中心位于徐汇区的东北片区，辖区服务范围达 3.18 km²，下辖 19 个居委，常住人口 7.1 万余人，老龄化程度较高。中心建筑面积 14 660.38 m²，核定老年护理床位、康复床位、舒缓疗护床位共 193 张，以满足老年人口多样化健康需求。此外，为确保医疗服务的全面覆盖和便捷性，中心下设 5 个标准化社区卫生服务站。

1.3 服务优化与发展前景

中心依托医联体内单位中山医院与徐汇区中心医院的优质医疗资源，实现了在学科建设与科研教学领域的显著进步。目前中心诊疗服务项目做到内外妇儿全覆盖，眼耳鼻喉科、口腔科、皮肤科等均提供专科服务，辅检科室如超声科、放射科、心电图室等专技人员技术过硬，特色专病门诊多面开花，中心目前开设高血压、糖尿病、房颤、老年肺科、精神卫生等特色专病门诊，为辖区居民提供更为便捷、精准的就医服务。

多年来，中心以优质的医疗服务能力和服务质量荣获多项国家级和市级荣誉，曾先后获"全国示范社区卫生服务中心""全国优质服务示范社区卫生服务中心""全国群众满意的社区卫生服务机构""上海市首批优秀社区卫生服务中心""上海市文明单位"等称号。2018 年，在全国社区医疗服务机构排行榜中位列第三。2022 年，被评为"上海市老年友善医疗机构优秀服务品牌机构"，并入选"上海市公立医院高质量发展试点单位"，以此为契机，中心进一步探索功能定位、服务内涵与建设标准。

2 社区康复服务工作

中心通过持续的创新实践、康复理念更新、服务体系完善以及康复品牌创建，致力于构建一个全面、高效的康复服务体系，以满足社区居民日益增长的康复需求。

2.1 探索多元化社区康复服务体系

（1）健全服务体系，构建全链条康复网络。中心以门诊和住院康复服务为基础，结合中西医适宜技术，逐步将康复服务延伸至社区卫生服务站点、居家以及养老机构等，打造了一个连贯的"病房—门诊—站点—居家"全链条康复网络，极大地增强了服务的连续性和有效性，确保患者在不同康复阶段都能得到及时、专业的支持。

（2）服务团队齐全，优化智能化康复设备。中心通过优化团队结构，组建由康复医师、康复治疗师、康复护士及中医医师构成的专业康复服务团队，并引导全科医生、中医医师参与市级康复岗位培训，不断充实社区康复人员队伍。同时，中心引入智能康复设备，如智能机器人、天轨移动系统、康复评估与训练系统等现代化、智能化设备，满足老年患者实际康复需求，进一步提升服务精准度和治疗效率。目前中心日均服务人次达到180人次，提供包括各种评估在内的康复服务项目42个。

2.2 创建社区康复服务特色品牌

中心积极推进老年慢性病康复特色品牌打造，结合辖区居民需求，立足老年慢性病康复，以各种脑血管疾病、急慢性疼痛、外周神经疾病、老年退行性疾病等亚学科为方向，重点开展心脏康复、呼吸康复等特色学科建设。同时，中心依托医联体平台，强化学科合作，畅通双向转诊，邀请上级医疗机构专家下沉社区，促进区域内康复医疗资源的优化配置与共享，推进康复服务同质化，为居民健康提供了坚实保障。

3 医防融合工作

3.1 构建以家庭医生为核心全方位健康管理

家庭医生签约制度作为提升社区健康水平、增进居民福祉的关键策略，在上海率先实施。中心自2011年起大力推进家庭医生制服务，依托家庭医生团队这一桥梁，通过深化医防融合理念，强化家庭医生团队建设，创新服务模式，强调"预防为先，治疗并重"的核心理念，将健康服务的触角延伸至每一个家庭，实现从单纯"疾病治疗"向全面"健康管理"的跨越。

面对人口老龄化及社区家庭结构功能变化的挑战，中心依托家庭医生代表朱兰的劳模工作室，以社区家庭为切入点，深化家庭医生签约服务功能，不断提升家庭成员的养老照护能力，探索以居家为基础，集社区医疗、养老、护理、康复和生活照料为一体的医养结合新型智慧养老模式。同时探索中心与养老机构多种形式服务模式，确保区域内所有养老机构、日托中心及护理站点均纳入签约服务网络，实现健康服务的有效供给。

3.2 打造医防融合一站式健康服务新模式

针对慢性病管理的长期性与复杂性特点，中心以信息化支撑科技为支撑，以专业化志愿服务为纽带，积极拓展服务功能，全面整合医疗、护理、公共卫生、康复服务及健康教育等多方面健康服务资源，构建全面性、多层次的健康管理服务体系，为慢性病患者打造从预防、筛查、诊疗到康复的一站式健康管理服务。

3.2.1 拓展服务功能，重点推进"三中心"建设

（1）健康管理中心。提供精准血压、智能血糖、BMI快捷测定、肺功能标准化检查、大肠癌便隐血自助筛查、AI语音随访等多项智能技术，能够实现慢性病综合危险因素精准化采集和监测，为慢性病患者提供了全面而高效的健康管理服务。慢性病健康管理支

持中心严格执行"首接负责制",通过专人负责,实现资源高效整合,显著提升慢性病全周期管理的效率。团队专注于提供高质量的诊治服务,累计服务已逾13 000人次。此外,中心结合家庭医生签约服务,对签约居民开展健康评估和针对性的健康干预。在智慧化管理层面,慢性病健康管理支持中心积极运用信息化技术,探索并实施了多项慢病精准化防治方案,并成熟运行。2022年中心通过"上海市社区慢性病健康管理支持中心"验收并获评"优秀建设单位"(图2)。

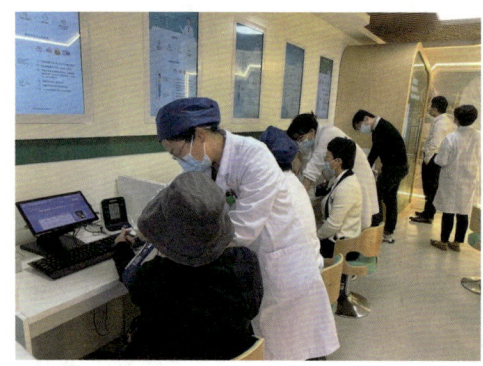

图2 健康管理中心

（2）康复中心。康复中心占地约1 300 m²,设有运动治疗区和物理因子治疗区两个区域,满足不同患者康复需求。康复中心实行团队服务工作模式,综合运用中西医结合治疗方法,积极培育呼吸和心脏康复等特色康复项目,并探索"康体结合"的创新康复模式。依托"上海市中医药特色示范服务站",康复中心进一步发展中医特色康复服务,增强"五位一体"服务模式,将康复服务功能从门诊、病房延伸至社区站点和居家,实现康复服务广度覆盖和深度融合,为患者提供了综合性、连续性的康复服务体验。2022年10月康复中心成功创建为"上海市示范性社区康复中心"(图3)。

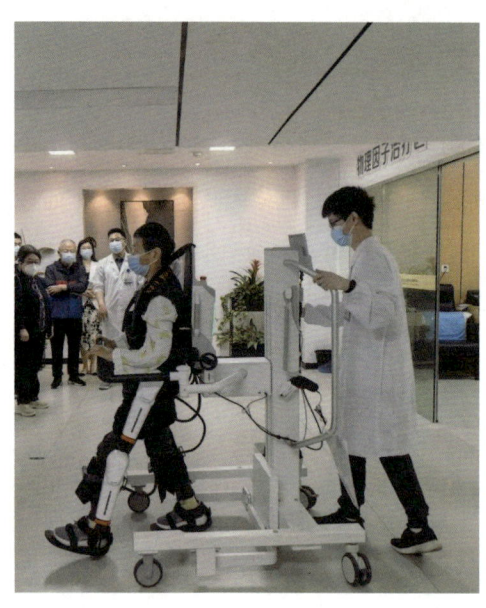

图3 康复中心

（3）护理中心。护理中心设置在中心门诊四楼南侧,面积126 m²,设置伤口护理、糖尿病护理、PICC/PORT导管维护室、安宁疗护及护理咨询室等独立功能区,满足患者多样化的护理需求。依托"上海市巾帼创新工作室"建设,创建15分钟护理圈,结合家医签约服务,为出院病人、慢性病病人和老年病人提供延续护理、居家护理。"宣知圈品管圈"护理项目入选2024年上海市医院协会品管圈立项(图4)。

图4 护理中心及护理团队

3.2.2 健全医务社工和志愿者服务机制

中心致力于深化医务社会工作与基层医疗服务的结合，组建了一支由经验丰富的专职临床医务社会工作者牵头的志愿者团队。中心积极探索多专业团队（MPT）合作模式，整合医疗、护理、社会工作等多学科资源，综合运用医务社会工作专业知识和方法，帮助有需要的患者及家属舒缓、解决和预防医务社会问题（图5）。

同时，中心重视志愿者服务及社会工作人才培养和带教工作，与国内外知名高校建立紧密的合作关系，成为杜兰大学等多所高校的志

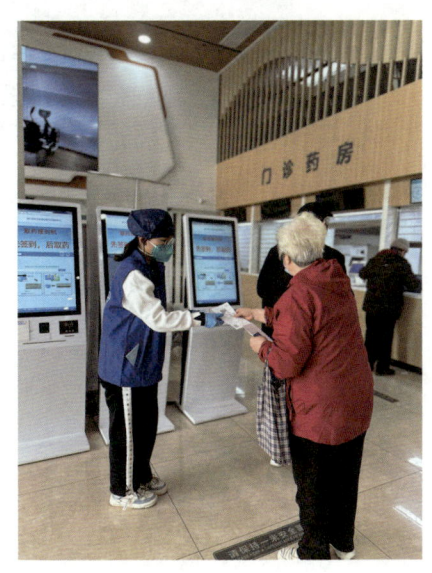

图5 志愿者服务

愿者基地，为志愿服务工作注入了新鲜血液，也为学生提供了宝贵的实践平台。作为社会工作带教实习基地，中心也承担着为社会工作专业学生提供实践机会和专业指导的重要任务。通过参与中心的日常服务和专业项目，学生们能够在实践中学习和掌握社会工

作的专业技能和方法，为将来的职业生涯打下坚实的基础。

3.2.3 智慧诊疗，助力适老化医疗服务

（1）远程医疗与多学科会诊，提升就诊便利。中心不断加强远程诊疗信息化建设，为老年群体提供多元化、便捷的医疗服务。通过完善相关制度，确立了一套符合老年医学特点的信息化管理制度和服务模式，确保了服务的专业性和高效性。中心利用区域内紧密型和项目型医联体的构建，以及"徐汇云医院"全-专云平台的高效运转，常态化远程医疗和多学科会诊，极大提升了社区签约老人的就诊便利性，并为他们提供了全面且有保障的健康管理服务（图6）。

图6 远程诊疗

（2）医养结合远程协同，让关爱触手可及。作为"国家老年健康医养结合远程协同服务试点机构"，中心内设的日晖养老院通过远程专家服务，涵盖了呼吸科、神经内科、泌尿科等七个科室，为行动不便的住院老人提供全方位的远程医疗支撑，使老年人便捷获得专业的医疗建议和健康指导。

3.2.4 教学相长，根植为老服务理念

作为多个高等医学教育机构的教学基地，中心承担着培养未来医疗人才的崇高使命。中心是上海市住院医师规范化培训全科医学社区教学基地、上海市中医类别全科医师规范化培养社区实践基地、复旦大学公共卫生学院预防医学社区实习基地，以及上海市住院医师规范化培训上海交通大学附属第六人民医院社区教学基地等教学实践基地。中心以"为老服务"为核心教学理念，将老年医学与社区服务紧密结合，通过临床实习、病例研讨、社区调研等多元化教学方法，使学生在实践中深刻理解老年患者医疗需求，培养学生的人文关怀精神，确保为老服务理念内化于心、外化于行。

优化物业治理架构　打造高品质百年住宅

程　鹏
北京林业大学经济管理学院教授、博士生导师、物业管理系系主任，住房和城乡建设部社区建设专业委员会委员

> 本文摘自作者在"中国城市高质量发展论坛"上的演讲。

　　面对当前物业管理行业的困境，不能把问题粗暴地归结为物业公司服务品质不够高，或者物业管理不到位，而是整个物业治理体系出现了问题，而破解问题的抓手已经超出了物业管理行业的职责和能力范畴。因此，我们需要的是对现有物业治理架构做优化。

　　物业管理，顾名思义，是以物业作为管理服务的对象和内容的。当代区分所有建筑物的管理内容上涵盖人的管理与物的管理，所谓"物的管理"，系指对建筑物、基地及附属设施的保存、改良、利用乃至处分等物理的管理，原则上仅限于建筑物的共有部分，专有部分不包含在内。与传统物业管理相比，现代物业管理的内涵和外延已大大超出了建筑物维修、养护和管理的范畴，但这依然不能动摇物业设施管理服务的核心价值地位。

　　物业管理的本质在于对建筑物的全面维护和有效管理，理解物业管理的本质属性是物业管理改革的逻辑起点。物业管理中对于"物"的管理包括定期的维修保养、设施设备的运行管理，以及安全保障和环境卫生的维护。通过科学的管理手段和专业的服务团队，物业管理确保建筑物的长期可持续运营和资产价值的持续增值。所有物业管理行业的业务发展和商业扩展，都以物业设施为核心或纽带。若缺乏对物业设施管理这一基础性服务的扎实支持，任何物业管理服务的创新都将难以实现真正的成就。物业设施管理不仅是物业管理行业稳健发展的基础，也是物业管理专业价值的根本定位。

　　物业管理实质上是指小区的公共服务，其具有私人产品与公共产品的双重属性，物业核心业务具有外部性。虽然物业管理作为业主和物业服务企业之间的桥梁，扮演着维持建筑物质量和价值的关键角色，但在实践中仍然面临许多挑战。特别是在产业快速发

展，城市更新和改造趋向精细化管理的大背景下，市场的自我调节功能并不能总是有效发挥，而社会监管力量亦未能充分到位。一方面，业主对物业服务常常存在较低的满意度，而物业管理公司则面临着业主不信任、服务标准不一和管理能力参差不齐等问题。另一方面，物业服务市场常常出现准入门槛低、市场准入与监管不足、信息不对称以及缺乏有效的激励和约束机制等现象。同时，业主与物业服务企业的缔结关系并非"一对一"的关系，而是"一对多"的关系，业主与物业服务企业之间的双向有限的约束力导致了物业服务合约的不完全。

由于社会力量以及市场力量发育不均衡且缺乏稳定性，两者在治理中的功能失灵、角色缺位，或与其他治理主体关系的失衡会导致住宅小区治理失灵。为了缓解这一冲突，一方面需要完善物业服务合同，使得合同能够适应小区生命周期的各个阶段，增加对房子本身维修、保养的责任划分与标准规定，清晰定义物业公司的服务范围和业主的责任，合理分配双方的权利与义务。另一方面，政府作为秩序保障者必须采取措施以维持住宅小区的正常秩序，还需建立有效的沟通协调机制，及时响应和处理业主关于小区老化带来的物业服务问题，以及建立老化房屋维护的长效机制。另外，法律必须强制物业服务规范、透明，必须约束业主行为。

此前，住房和城乡建设部等部门联合印发《关于加强和改进住宅物业管理工作的通知》，指出要建立服务信息公开公示制度，明确物业公司应当在街道指导监督下，在物业服务区域显著位置设立物业服务信息监督公示栏，如实公布并及时更新物业项目负责人的基本情况、联系方式以及物业服务投诉电话、物业服务内容和标准、收费项目和标准、电梯和消防等设施设备维保单位和联系方式、车位车库使用情况、公共水电费分摊情况、物业费和业主共有部分经营收益收支情况、电梯维护保养支出情况等信息，可同时通过网络等方式告知业主公示内容。

需要思考的是，信息公开公示制度到底包括什么？信息公开公示制度作为这一行业中的一环，涵盖了财务公开、房屋设施维护记录、安全检查报告和物业服务质量反馈等方面，业主期望的财务公开也会产生一个新问题，如何保证钱花在该花的地方？

物业管理的专业价值主要体现在以下几个方面：物业设施管理、物业资产管理、客户关系管理和客户行为管理。其中，物业设施管理是物业管理行业固本守正的根基，是物业管理专业价值的基本定位。值得一提的是，物业管理服务已经从单纯的公共部位管理扩展到私有物业的管理。业主不仅将公共空间的管理工作委托给物业公司，也同样将私人空间内的相关事宜托付给专业的物业管理团队。以商业信任和商业便利为基础，物业公司开展物业资产管理的专业优势更为明显。

换而言之，物业管理的专业价值在于物业管理从业人员通过对在城市的各个住宅小区内的物业进行系统的维持和保养，以及对小区居民的行为习惯施行规范化管理，以实现对人的潜移默化的影响。

基于对物业管理的专业价值，可以明确物业管理行业可持续发展必须建立在住房可持续发展之上。在房地产市场迈入新的发展周期之际，城市更新与改造正逐步向精细化管理转型，同时存量小区数量不断增多，这使得房屋质量问题愈加引人注目。据统计，到2040年前后，我国城镇既有房屋中房龄超过三十年的将会达到80%，对于此类房龄较长的住宅小区，定期进行详尽的检测评估对于保障房屋结构的安全性和管线系统的长期稳定运行至关重要。因此，为了增强并延续建筑结构的寿命，我们必须采取一种全面的战略来发展多层次的维保措施。这要求我们深入探索并建立一套面向未来需求的建筑维修与空间适应性保障系统，形成全面覆盖的房屋安全长效机制，为老房子"治病"，让房屋全生命周期安全管理有依据、有保障。

在当代物业管理服务领域中，务必经历一次根本性的范式转换，即由传统以房地产企业为中心的管理模式，转向以建筑安全性作为核心关切的物业管理和服务模式。这种转变意味着物业项目的管理不应仅局限于房地产的开发与转让阶段，而应拓展至覆盖建筑物整个使用周期的安全维护策略。理想的物业管理框架应当基于对建筑物生命周期全过程的周密考虑，制定全面的健康安全维护计划。在这种模式下，物业管理服务将不再仅仅聚焦于日常维护，还将包含从建筑的构造开始直至其退役的整个周期内各个重要时间节点的定期健康诊断与安全评估报告。在这一过程中，周期性的健康和安全评估将为建筑物的持续使用提供科学依据，为可能发生的各类预防性维修、急救性维护和结构再强化提供及时的指导和支持。强制性的维护计划将不受物业管理单位更迭影响，其实施和继承应由国家通过制定强制性标准和法规来监督确保。

在房屋维修与修缮的问题上，必须认识到这不仅涉及技术层面的专业性，还涉及整个社区的福祉与安全。房屋修缮的决策过程，不能单纯依赖于业主的个人偏好或意愿，这是因为房屋维护的质量直接关系到社区居民的生命财产安全。房屋结构的稳固性和功能的可靠性是维护社区安全的首要任务。业主个体在房屋修缮方面的自由选择必须受到合理的制约，以保证房屋维护活动不至于危害到更广泛的社区利益。因此，业主在房屋修缮中需要遵守一系列强制性的住房修缮标准和规范。这些标准的设立必须基于深入的工程学研究和风险评估，确保修缮工作的科学性和实用性，并采用最佳实践来降低任何因修缮不当造成的安全风险。房屋本体的安全是社区安全的关键构成，不能完全按照业主意愿行事，业主遵守住房强制修缮标准是"好房子、好社区"建设的重要保障和抓手。

最后，为确保房屋的耐久性与社区的综合安全，迫切需要构建一个健全的行业监管框架。在此框架之下，社会共识的形成至关重要：首先，物业设施的高效率管理是确保物业行业稳固和正本清源的基石；其次，在房屋修缮的责任链中，产权人负有无可推诿的主要责任；最后，涉及物业管理的诸多决策事项，不能仅仅以业主的个人意志为转移，必须兼顾整体社区的利益与安全。要致力于建立大型社区的物业信息披露制度与大型社区房屋体检档案，细致记录每项房屋的体检历史、维修记录与状态评估，形成一个完整的住宅健康档案库，提升房屋管理的透明度，使住宅可持续性变得可度量、可管理，打造高品质百年住房。进一步地，借助现代科技如智能合约和区块链技术，可探索建立一种去中心化的物业服务监管体系，研究实现分布式可信物业服务监管的存证、审计与追溯，搭建可信物业服务监管与治理系统。

物业管理并非仅关乎当下之需，它涉及的是持久影响社区和居住环境的全面视角。我们应当意识到，物业服务质量的提升不仅仅是物业管理公司的责任，更是整个社会共同治理的成果。通过完善法律法规、强化信息公开公示制度、建立健全的物业维护机制，以及利用现代信息技术提升物业服务透明度和效率，我们才能适应不断变化的市场需求，满足业主和社区的期望，最终打造出既安全可靠又舒适宜居的百年住宅。

让网红打卡接入更多文化价值

肖潜辉
中国旅游协会智慧旅游分会会长

> 本文摘自作者在"传承历史文脉 创建科技新城"论坛上的演讲。

网红打卡是当今社会一个现象级网络文化热点场景。虽然热闹和频发，但总感觉缺点什么。细品之下，缺的可能是文化价值。网红打卡具有显著的年轻属性。

1 得新生代者得天下

所谓新生代，是指"80后""90后""00后"和"10后"等这些下一代。有三个数据值得我们关注，第一个是他们的人口总量和占比（表1）；第二个就是35岁以下的消费者贡献了经济增量的65%，第三个就是Z世代人口占比只有20%，但是他们的消费占比是40%，这个比例还在不断扩大。新生代已经成为我国社会消费的主力军和引领者。不仅如此，新生代在文化消费方面，也扮演了引领者的角色。要想拥有当下和未来，必须了解新生代，亲近新生代和提升新生代。

表1 "80后""90后""00后"和"10后"人口数量和所占比例

年龄段	人口数/亿	占比/%
80后	2.15	15.23
90后	1.78	12.60
00后	1.55	10.98
10后	1.74	12.32
合计	7.22	51.13

2　得网红打卡者得天下

最近已经发生了太多现象级的网红打卡，比如淄博烧烤，还有重庆李子坝轻轨穿楼，人满为患，络绎不绝，为城市知名度和美誉度作出了巨大贡献。奉贤也不乏网红亮点，"上海之鱼"和"焕光森林"，粉丝都不少。我一直在思考一个问题，在新生代里有一个很大的群体，他们有着非常好的教育背景，他们也会进行网红打卡吗？我在复旦大学授课时，曾专门给两届同学做了课堂调研。我先是发表了对网红打卡的一点非议，我觉得这个太肤浅。然后我要求认同和参与网红打卡的同学举手，结果所有同学全部举手。令我十分吃惊。他们以"90后"为主，有少量是"80后"。由此可以得到一个结论，网红打卡是新生代共同的爱好，共同的文化消费特征。此外，还可以进一步看到，网红打卡已经成为绝大多数新生代旅游出行的重要目的，甚至是主要目的。为了一张照片去到一座城市变得非常普遍；不仅如此，网红打卡还在深刻地影响着他们的爸爸妈妈，甚至是爷爷奶奶，尤其是对女性的影响非常深远。

3　网红不要止于打卡

网红不要止于打卡，这是我比较核心的观点。网红现象很好，但是仅仅打卡是不够的。我们来看看网红打卡是一个怎样的流程？首先由网络达人来造就一个热点，其次是其他的网红追随，亲临打卡，最后就是海量照片和视频文字在朋友圈和社交媒体中传播，形成舆情狂飙。网红打卡有什么特质？第一，要看到移动互联网网红的力量；第二，从众心理，你去了我也要去，跟风现象很普遍；第三，显摆意识，发朋友圈炫耀一下，这个地方我去过了；第四，唯美主义，年轻一代对审美的需求大大超过了父母辈和祖父祖母辈，甚至有唯美主义的倾向；第五，讲面子但是不太讲里子，也不能说完全不讲，至少是弱里子强面子；第六，网红来得快去得也快，难得长红。所有的网红，几乎在很短时间内都能够遁于无形甚至被完全遗忘，这是真正的快餐文化的典型特征，这是需要我们想办法加以引导的。但是我们不能简单地去指责年轻一代，倒是年长者作为传统文化的守护人，应该反思，为什么老一辈的话说不进新生代的心里？为什么我们的教育越来越失灵？

4　挖掘和彰显网红打卡点背后的文化价值

爱尔兰首都都柏林有一个健力士啤酒博物馆，这是一个国际网红打卡点。除了喝啤酒和众多的网红打卡设施之外,这个博物馆还在不经意之间向游客彰显其文化价值。健力士啤酒博物馆最让人震撼的就是图1所示的两张照片。右边的照片是一个特许委托经营的契约。这个啤酒厂原来是属于政府的公共财产,签约时间差不多是乾隆四十五年。官方经营不好,决定委托给健力士这家民营公司经营,期限是9000年,现在还在有效期内。左边的照片是这一契约放置在啤酒博物馆公共区域地面玻璃之下。爱尔兰人要传递的价值是他们的契约精神,是他们政商之间的诚信理念。健力士把网红打卡点和文化价值的传播做了绝妙的连接,值得中国的网红点学习和借鉴。

图1　都柏林健力士啤酒博物馆的文化价值彰显模式

英国文化价值传递的第一所在是威斯敏斯特大教堂,作为国际网红打卡点它是如何传递文化价值的?是通过制度,这个制度就是导游讲解特许执照。国内的导游讲解有两种模式,第一种是各家公司的导游或者讲解员都可以进入景点讲解,没有任何管束。这会造成讲解的专业性、文化深度和价值传递良莠不齐,大打折扣。第二种是在比较庄严的主流价值观传递的场景只允许本馆讲解员讲解,这种情况在红色旅游景区很常见。这会带来一个问题——没有用到社会的优质讲解资源,而且官方讲解员配备有限,能覆盖的观众面太过窄小,绝大部分观众只能无奈地进行无讲解参观。

英国则推出一个考试制度,所有人包括合法居留的外国人都可以来介绍威斯敏斯特大教堂,但是必须通过这个考试,取得资格证才可以去讲解。这就把市场需求、市场资源和政府管理结合起来了。我亲身体验过一个长期在英国居住的我国台湾地区的居民的持证讲解员的讲解,水准非常高。听了他的讲解,我豁然开朗,领悟了英国为什么会成为日不落帝国。大不列颠王国的全部的解码都可以在这个教堂里完成,很大程度上得益于高水平的讲解。

联系到上海的武康大楼,有两段网评如是说,其一是一个外地来的年轻人,他说他是"走走逛逛，吃吃甜点，喝喝咖啡就拉倒"，很难说有多少文化价值在里面。其二是某文化人在知乎上的评论，"还是期待旅游景点们提供给游客的，不止排队打卡"，这与我所见略同，因为那些沉淀在历史和空间中的内涵才是我们更想要的东西。

武康大楼在挖掘和呈现人文价值方面应该还有空间。下面是我个人的一点建言和体会，首先武康大楼里的租户的生活方式，包括社区治理模式，是全上海的样板。整个社区生活的品质是比较高的。上海作家陈丹燕专门写有一本口述历史的书，非常好地记录了武康大楼里居民的生活。为什么我要特别强调这个问题？第一，因为外国人到国内来旅游，除了要看长城故宫这些景点，他们还要看中国人的生活，而这其实是中国旅游业所缺失的。我们老是跑去网红打卡点，但是别国人民的生活并不是我们最关注的。武康大楼就是让西方游客了解上海的最佳的一个体验样本，上海国旅曾经有"做一天上海人"这样的旅游产品，这样的产品最适合开发在武康大楼。现在我们的入境旅游处于改革开放以来最低迷惨淡的，亟须振兴，而武康大楼大有文章可做。第二，我认为武康大楼是最有利于外地人深度理解上海的，它是海派文化的第一地标。这个地方可以完完全全精准地彰显上海这座城市的精髓。武康大楼本身是一个多元文化的熔炉，融合有英式、法式、中欧的建筑风格。后来经过不同的历史时期，不同的住民，融合而成非常多元的社区文化，这个地方是海派文化的最好诠释。要理解上海，请到武康大楼来；要理解中国的改革开放，请到武康大楼来。第三，上海有一个特殊的文化族群就是"老克勒"，在北京和广州，从来没有听说过有类似的群体。这个群体最大的特征是什么？就是海派文化的人格化。在和平饭店，老年爵士乐的表演依然是在全世界最响亮的上海品牌。武康大楼能不能把"老克勒"的资源很好地调动起来，有没有可能让他们成为特级导游的志愿者？武康大楼建成于1924年，到明年正好是100年，徐汇区能不能在这100年华诞到来之际做点什么？比如一场音乐会，或是展览，我相信这些的吸引力会超过很多其他活动，因为他根植于我们的城市文脉和整个城市的文化基因。

民间的博主很活跃，以武康大楼为题材的博主多得不得了，很多实际上是来蹭武康大楼流量的。这些博主其实可以利用起来，而怎么引导他们也是一个值得思考的课题。最后一点思考就是武康大楼能不能与世界城市日结合起来做点什么策划？它是完全吻合世界城市日主题的。当然也不要绝对化，不需要所有的网红打卡点都去强调文化，强调价值，新生代喜欢本身就是重要价值。

5　让经典文化场景成为网红打卡点

这是另外一个方面的话题，在这方面故宫博物院做得非常好。他们的咖啡很网红，口红更是热火，高峰时一天能卖 8 万支故宫口红。这一切火爆现象背后有种种原因，但是最重要的一点是要有人能来策划这一切。如果没有单院长，故宫博物院会在当时成为网红吗？恐怕很难说。而上海的人才也很多，关键是如何选好用好人才。

总而言之，要让网红打卡有面子也有里子，让文化经典有里子也有面子。

历史建筑保护利用的价值实现

徐进亮
教授级高工，东南大学建筑遗产保护教育部重点实验室特聘研究员，苏州大学文化遗产"一带一路"联合实验室特聘研究员

本文摘自作者在"石库门城市更新论坛"上的演讲。

习近平总书记提出"要重视历史文化保护传承，保护好中华民族精神生生不息的根脉"。水有源，故其流不穷；木有根，故其生不穷。"历史文化遗产是不可再生、不可替代的宝贵资源，要始终把保护放在第一位。只有当下保下来，后面才能传承发展好。"上海的旧弄堂一般是石库门建筑，石库门是融汇西方文化和中国传统民居特点的新型建筑，是具有上海特色的居民住宅，需要予以保护传承。然而长年居住在这些旧弄堂石库门里的居民却另有感触。20 世纪 90 年代，人们普遍对原有传统老宅的居住条件提出了改善诉求，但传统老宅最大问题是建筑质量差、基础设施不齐全、面积过小、居住环境复杂等。城市管理者面临两个选择：一个是到城市外围去开发新小区，另一个是把老房拆除重建高楼。而 20 世纪 90 年代的人们普遍不愿意离开中心城区，上海当时就有"宁要浦西一张床，不要浦东一间房"俗语。一般而言，传统老宅位置都是地段较好，相关交通、教育、医疗配套完善。城市管理者的选择就是算一笔经济账，拆除老房子，造高层建筑，可以充分利用原有基础及公共设施，从资金性价比上是最佳选择。于是 90 年代整个全国都是基于这样的思维，成片拆除了众多传统老建筑，旧城提升改造、高楼林立，在当时也确实改善了基础设施与城市环境，达到土地集约利用最大化。

但是到了 2000 年后，随着专家们奔走疾呼提出要保护古城、保护历史文脉；同时随着供地政策的改变，城市管理者开始将视线转向城外的新城区，新区开发不用考虑历史遗留问题，一时间"新城开发"成了时尚；反过来旧城区则无人问津，结果是老城得了"城市病"，具体表现为：产业空心化、居住人口呈现"穷老外"（穷人、老人、外地人）

趋势，基础设施公共配套陈旧，易堵易涝，而这个问题持续到现在。2019 年中央工作会议首次正式提出"城市更新"的概念，就是要求回到老城区老房子改造，解决其"城市病"，以实现"海绵城市、韧性城市"。于是近几年"城市更新"越来越时尚，这里总结出城市更新的六大对象：

（1）老旧小区、城中村、零散住宅。

（2）老旧商业办公综合体。

（3）老旧厂房；由于老旧厂房地段位置好，建筑结构易改造，建筑空间广阔。所以近几年，许多城市老城区的老旧厂房成了稀缺资源，成了城市更新优先改造的对象，例如北京 798，重庆鹅岭二厂等。

（4）老旧公共设施用房；以前有个阶段要求许多乡镇层面要建设一些面对居民的体育馆、羽毛球馆等公共设施，而目前这些场馆多数空置。

（5）历史建筑（历史地段），也是城市更新的重点。

（6）城市边缘用地。

面对这些城市更新对象，按照 2021 年住房和城乡建设部《关于在实施城市更新行动中防止大拆大建问题的通知》文件要求，重点体现"留、改、拆、租"四种更新方式。城市管理者原本的习惯就是拆，但是现在要求禁止大拆大建，文件严格规定："原则上城市更新单元（片区）或项目内拆除建筑面积不应大于现状总建筑面积的 20%"。因而大多数传统建筑都要保留改造，要合理利用，这要求城市建设管理的思维转变。针对具体的历史建筑、特别是文物建筑，2018 年中央两办发布《关于加强文物保护利用改革的若干意见》，要求大力推进文物的合理利用。保护学界一直强调文物建筑保护，但是关联存在的问题就是空置或低效利用。2021 年我考察太湖西山岛古村落的一处市文保建筑，2009 年政府曾经花费巨资修缮，之后十几年空置未用，也不知道怎么用。当地政府告诉我，古建筑修缮十年后又要二次修缮了，由于长期未用，有些构件需要整修，这也是中国传统木构建筑的特色，不用就坏。所以"活化利用"这两年提的越来越多。

2018 年两办文件提出许多新的要求，一是合理利用，推动利用；二是社会参与；三是文物资源资产管理；这是一个循序渐进的过程，从保护到利用，从政府为主到社会参与，从原有的文物资源保护的展示理念到文物资源资产的管理理念，这是保护学界的一个重大的思路转变。

历史建筑利用，谁来用，怎么用，什么是利用？利用就是在一定的保护原则下，通过展示、利用这些功能，来发挥其社会效益或者经济效益这种行为。历史建筑利用主要分两类：首先是"展示性利用"，即修缮后主要用于博物馆等展示场所；苏州投入不菲经费修复了许多历史建筑，部分建筑的地理区位甚佳，现作为博物馆；例如苏州平江路"礼耕堂"改成"城建博物馆"。并不是说博物馆有什么问题，但从文物资产盘活角度解读，博物馆有利于建筑保护，但确实少有人去。现在苏州古城各类小型博物馆层出不穷，许多都是国有文物资产，就是少有人去；我参观时与工作人员聊天，听得很心痛。历史建筑的展示性利用确实重要，而对于数量众多的各类历史建筑而言，展示性利用更适用于重要古建筑或边缘区域的历史建筑，而大部分历史建筑还是鼓励"功能性利用"，延续功能使用或者改变功能使用。

"功能性利用"比较典型的两个案例。一个案例是新天地模式，新天地模式是保留修缮中间的历史建筑，形成商业服务中心，由周边地块开发住宅项目平衡资金。瑞安房地产在上海新天地成功后，将其模式复制到武汉、重庆等地，都取得了良好的社会效益和经济效益；然而转到广东佛山就出现了问题，开发商跟我讲的理由是佛山城市太小，很难通过周边住宅平衡"岭南天地"历史街区改造项目。所以瑞安又回到上海，成功打造旧改街区"洪寿坊"，现在又要助力召稼楼古镇升级，打造更新项目。这就是一个历史建筑更新模式，中心历史地段保留改造，周边做住宅开发。那社会资本投入历史地段改造是否都很成功？并没有，像扬州教场开发一期结束以后，再也无力启动二期，原因正是没有周边的其他项目平衡资金，或是说平衡的不好、管理的不好。这是一个成功和不成功的明确案例（图1）。

上海新天地

扬州教场

图1　典型案例

第二个案例是上海田子坊（图2）。田子坊片区改造利用很有特色，一开始不是由任何单位推动，而是一个民间行为。当年，陈逸飞先生与尔冬强等艺术家最早在田子坊开设工作室，改造装修了石库门老建筑，于是吸引不少艺术家纷纷入驻，逐渐形成了一处艺术文创展示区，这种情形在欧洲较为普遍。于是当地政府开始投入资金完善基础设施，

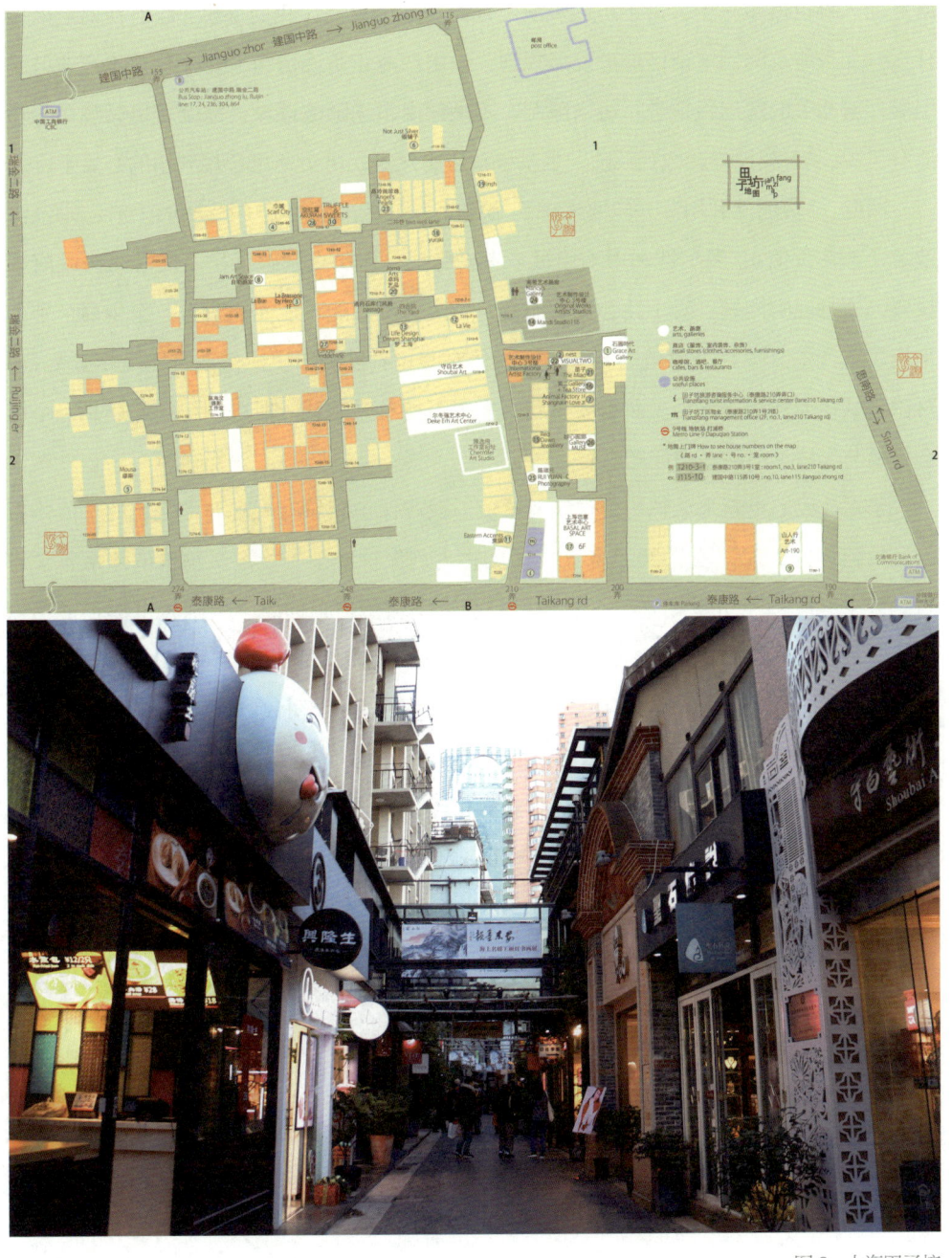

图2 上海田子坊

想做一个自行改造历史片区的典范，一时间红遍江南。但没有想到历史片区发展遇到了产权问题，人是逐利的，田子坊房东纷纷上涨租金，文艺家负担不起只得离开。于是文艺工作室改成了休闲咖啡屋，咋看上去，作为历史街区商圈好像也很繁华。但是田子坊最初的灵魂已经失落，独步沪上的艺术文化区消失了，转成平平无奇的历史旅游街区；游览的人群也逐步减少，田子坊逐步淡出视野。这个案例让我们反思：政府在此应该做什么？如果能及时制定街区保护发展规划，设定产业正负面清单，对文化艺术产业鼓励引导，对相关的房屋租赁进行适当限制，不是任由市场随波逐流，完全可以延续田子坊原有风貌。"宏观控制、微观鼓励"也是推动历史建筑、历史地段合理利用的必要手段。

因此，"功能性利用"一定要考虑两个方面，一是社会效益（社会价值）；二是经济效益（经济价值）。展示性利用不用过多考虑赚钱，但历史建筑保护不能总是由政府来投资，这是现实问题。对于社会资本而言，一定会考虑能不能回笼资金，至少要求基本平衡，或产生其他社会效益。有些社会主体对我说：投资历史建筑改造不一定要赚钱，可以将其作为样板房，但是总得要自我平衡，不能总是贴钱。所以归根结底还是一个社会价值与经济价值的平衡问题。

于是让我们重新来认识历史建筑的价值。遗产保护领域有一套非常完整的价值体系以及价值评估方式。按照2015年《中国文物古迹保护准则》规定文物价值体系非常清晰，即"五加一"：历史、艺术、科学、社会、文化价值，同时《准则》也提到了环境要素（环境价值），因此目前保护学界经常用六大价值来阐释价值体系。

如何看待历史建筑的历史价值？以文物古董为例，一个明代鸡缸杯（图3），2012年卖出1.2亿元。首先历史学者怎么解读明代鸡缸杯？他可能会从通过研究明代中期文人生活圈使用的杯子实物造型，并与历史文献相比较，分析当时的文人生活喜好。鸡缸杯的实物存在以及保留的特征信息，可以让历史学者去解读，所以具有历史价值。艺术研

图3　明代鸡缸杯

究者从中解读出当年文人的审美情趣。科技人员则关注这个鸡缸杯采用什么釉质、使用的瓷器烧制技术是什么，以及由哪个瓷窑烧制等问题，这就是为什么专业技术人员总是希望得到实物进行研究，这体现出文物的科学价值。

因此，价值某种程度上不是一种物质存在，价值这个词语在哲学理论上就是人类主体对某一物质的一种解读、一种认识。而随着时代变化，信息解读与价值认识也有差异。价值认识就是人类主体对文物蕴含的特征信息的解读，包括历史信息、艺术信息等。这些特征信息承载在物的载体上，所以历史建筑传承核心就是其特征信息，这是一种物质存在。人类主体解读特征信息的过程结论就是价值认识。价值可以变化，但信息一旦破坏，则不可逆。所以将历史建筑拆除重建，看上去尚是原物，但本体实际发生改变，其承载的真实信息和完整信息则被破坏。所以保护学界中强调的"真实性"和"完整性"是对特征信息传承而言的，信息的载体是历史建筑本体，也需要传承。同样，明代鸡缸杯最关键的传承就是原物能够完整保存下来。所以2021年中央两办发布《关于在城乡建设中加强历史文化保护传承的意见》就是要强调历史保护传承的认知，要从原先的保护理念发展到历史文化传承，这又是一个大概念的转变。

文物古董相对于历史建筑，传承其特征信息是相似的；但文物古董有一个内容通常不存在，就是"空间属性"。毕竟历史建筑本质上是房地产，使用的是其空间。主人通常不会用1.2亿元买的明代鸡缸杯直接饮茶，更不舍得用来招待客人。但历史建筑一定要使用其空间用于接待、聊天、餐饮、住宿等；同时还会关注历史建筑的坐落位置、周边历史地段是否保留、历史建筑与周边环境是否相互协调等。空间属性具体体现为一个是内部空间、一个是环境属性，决定了其使用功能和可利用性，对历史建筑的文化价值和社会影响都产生影响。

《辞海》解读"价值"定义包括了两个属性：一个是传统价值理解，可以指人根据自身的需要、意愿、兴趣或目的对他生活相关的对象物赋予的某种好或不好、有利或不利、可行或不可行等的特性。还有一个价值是经济价值，马克思在分析商品、价值与劳动等范畴时指出："作为价值，一切商品都只是一定量的凝固的劳动时间"。因此《辞海》对于价值的理解是两个体系，哲学层面的价值体系和经济学层面的价值体系，目前文物部门或者建筑遗产部门对于价值的认知偏重于哲学价值体系，评估目的是确定其好坏，评估分值高的优先认定为文物，分值再高的就是各级文保单位。对于经济学来说，价值就是以货币度量体现的经济价值。经济价值的存在由三个重要部分决定：一是具备效用；二是稀缺性；三是人们占用和使用财产物品的欲望、支付能力和乐意支付程度，以及交换所有权或占有过程的其他因素。

历史建筑传统价值与经济价值之间究竟是什么关系？一些学者将经济价值归属于社会价值。准确来说，历史建筑本身是物质存在的个体，包括两个物质存在：一个是特征信息，引申出历史价值、科学、社会文化价值等多角度、多维度、多层次、动态性的价值认识。另一个是空间属性，引申出使用价值（可利用性）。虽然价值形成的基础与机理不同，但进入人类社会中会产生社会效益，即效用和效益，当一个事物具有效用、欲望、稀缺、有效购买力等特征，就形成经济价值（图4、图5）。所以历史建筑传统价值是一种内在性价值，其载体进入经济市场后，形成外在的经济价值；两者是内外在关系，不是内涵关系。经济价值不是历史建筑传统价值的一部分，而是历史建筑进入经济市场上呈现多少钱。我们要学会从经济学角度分析来看待历史建筑的保护利用，怎么传承、怎么保护、怎么利益分配，经济效益现在是历史建筑保护利用投资无法回避的问题。

图4　经济价值形成要素

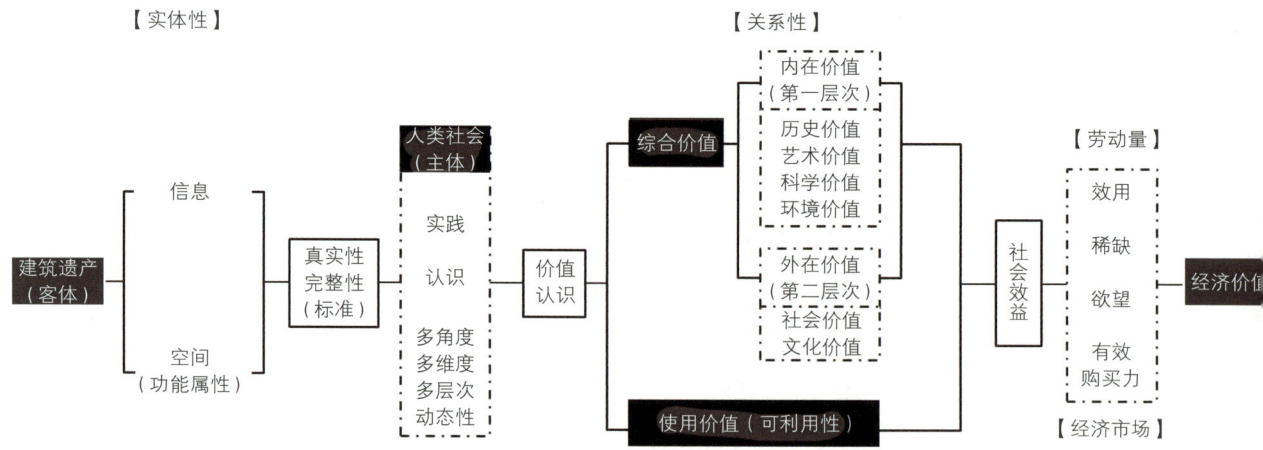

图5　历史建筑价值体系

经济学不是研究赚多少钱、值多少钱，经济学分析是一种视角，是一种思维方式。经济学分析首先用于规范人的行为，因为人与人之间是不同的个体，个体一定会追求个体的最大利益化，但到了社会层面、集体层面上必须要有一种平衡；力求平衡就要建立一种规则，这种规则在经济社会首先就是产权。所以经济学分析第一事情就是搞清产权。清晰的产权才能配置资源，协调交易费用，最终形成稀缺资源的有效利用。具体工作中我们引入经济学做两个事情：一个是引导建立一套有效的行为规则，另一个是建立文物资源资产管理，资产管理本身就属于经济行为。资产管理涉及的是资源、资产、资本三大环节。资源体现物本身；资产是体现其产权关系以及可能的收益模式，资产并不是赚钱，核心是明确产权；资本则是资金来源以及收益分配模式。所以资源、资产、资本这三个环节的逻辑关系是相互递进的（图6）。原本的观点是文物不能资产化，一旦利用就会破坏，而现在这种观点慢慢转变。资产环节是产权规则、收益模式，资本环节是在前者明确的基础上，逐步引入社会资本。说到引入资本，是否值得投资，也需要有一个量化规则，即经济价值的评估。

图6　资源资产资本关系图

2017年上海巨鹿路888号历史建筑拆除事件搞得沸沸扬扬，最后责令恢复原状并处以3 050万的行政处罚（图7）。当时我们研究这个事件发生原因，认为就是业主早期购买时并没有花费多少钱，历史建筑的经济价值体现不充分，所以业主无所谓。如果业主用1亿元购买的历史建筑，可能就不舍得拆了。其实城市建设中这种情况经常发生，我们需要有个规则来引导市场，拆掉的要比重建的更值钱。我本人曾经做过一件值得骄傲的事情：当时安徽有一座古桥，规划建路要拆除，我去做了经济价值评估，告诉政府这

图7　上海巨鹿路888号

座古桥价值2个亿,就此修改规划绕了一个弯,保住了古桥及周边建筑遗产。所以,有时跟城市管理者用经济语言交流,要比讲道理保传承更加有效。

如何量化经济价值?首先历史建筑到底比普通建筑好在哪里、不好在哪里?我们都知道历史建筑具备特殊的传统价值,包括历史、艺术、文化价值等,否则也不能成为挂牌古建筑,所以这个是特殊增值因素。

历史建筑各自的使用价值(可利用性)情况不一样,维修成本投入、维护情况、历年修缮状况,能否改造拼接,因此使用价值有可能对经济价值产生增值,也有可能产生减值。

还有一个因素对历史建筑经济价值产生减值，就是既然是挂牌古建筑，一定会有相应的保护限制条件，限制建筑改造、功能使用等。所以产权界定与约束条件极为重要，必须明确告知相关限制条件，能不能修、能不能用、可以怎么用，改造时需要提交什么审批材料等一定要明确，这点各地目前做得不够。

明确了历史建筑与普通建筑的差异，不同的特殊因素影响其经济价值的增值与差值（图8）。其评估技术思路就有了方向。值得关注的是，2024年由隶属于住建部的中国房地产估价师和房地产经纪人学会编写的《历史建筑估价技术指引》即将公布。出台历史建筑经济价值评估技术规范是给城市管理者、规划者、投资者、使用者一个技术参考标准，逐步统一规则显化经济价值，更好体现历史建筑传统价值的独特内涵。

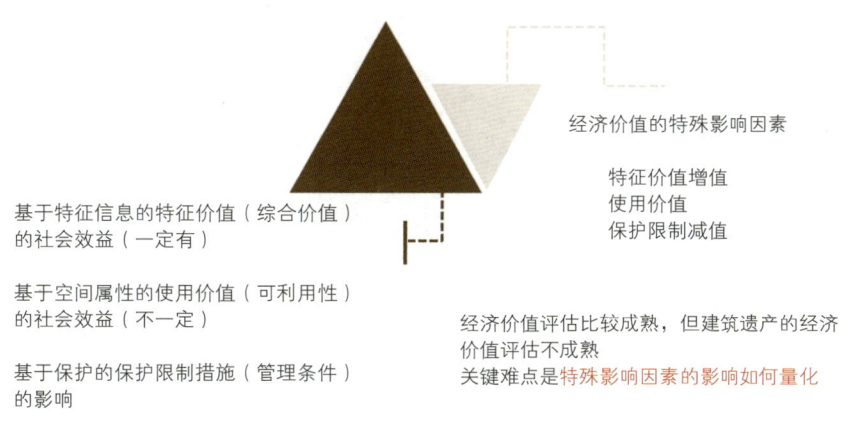

图8　历史建筑特殊因素影响经济价值示意图

最后引用我的导师东南大学建筑学院朱光亚教授的一句话："无论是规划、修缮、理论、技术、工程、设计、利用还是评估，都是工具手段，最终目标就是传承"。所以今天我虽是从传统价值、经济价值实现的角度解读历史建筑保护利用，但其目标就是希望将祖辈留给我们的历史建筑保护好，利用好，传承好！

第五章
Chapter 05

城市更新与数字化赋能

上海石库门里弄演替历程与再生模式新探 [1]

常 青
中国科学院院士

本文摘自作者在"石库门城市更新论坛"上的演讲。

1 石库门里弄考源

图1 旧上海的石库门里弄与城市肌理

自19世纪50年代萌芽之后的近170年时光里,由多层合院住宅单元联排构成的上海石库门里弄,因其在中西文明碰撞与交融中的适应性特质而闻名于世。据资料统计,1949年新中国建立时,上海24 m以上的高层建筑总共不过93栋,在整个城市建成区的实体和肌理构成中,以石库门里弄占比最大,与其他里弄类型一起,构成了上海这个远东国际大都会的空间图–底关系(图1)。当时市区居民中的大多数都聚居于此。因而石库门里弄被公认为上海城市记忆的第一载体和城市身份的第一名片。

---

1 本文据2021年9月6日上海科学会堂院士报告会专题报告撰就,原发表于《中国科学》2023年5月期,有修订;基金项目:国家自然科学基金重点资助项目(51738008)。

1.1 术语由来

"里弄"也可称"坊弄",源自上古的"闾里",定型于唐代的"里坊",为都城地块划分单元和居住单位的意思,"里"指聚居的空间尺度,"坊"偏于聚居的场所范围。里坊曾是坊墙围合的封闭城中城,市场在坊中,坊外没有开放的商业街。但地方城市未必如此,如唐朝后期的扬州,已有"十里长街市井连""夜市千灯照碧云"的繁华商业街了(注1)。北宋东京首开了都城里坊向"厢坊"或"街坊"的转化,坊的周边不再设坊墙,变为坊外的商业街廊,这种转化结果一直被后世延承。清末上海租界的里弄,就带着古代"街坊"的文化基因。

石库门里弄的"里",是城市街道围合的街坊;"弄",是街坊内的巷道,通"衖"(音四声的xiang或long),分为主弄和支弄,一般也称"弄堂",通假古时"弄唐",意为开敞的门前空间。关于"石库门"一词的来源,历来有一种流行说法,因里弄住宅单元门以石条做出门框,故宁波有"石箍门"一说,又以当地"箍"发"库"音,故称"石库门"。考虑到"里弄"的"弄"早期书面用"衖"字,则"石库门"书面语也当有相应出典。以"库门"为古代宫室、宝库的二道门推断(如皇宫的皋、库、雉、应、路五门),石库门恰为进入住宅天井的第二道门(第一道为弄门),即以石条做门框的"库门"。明代兴盛的苏州"香山帮"匠系,在清末民初出过匠学经典——《营造法原》一书,其中便将苏式宅院抱厦门楼 - "墙门"称为"库门"[1](注2),这也透露出"石库门"一词,意即石框的宅院大门,确是源自江南风土建筑的宅院外门名称(图2)。

故此,"石库门"之名

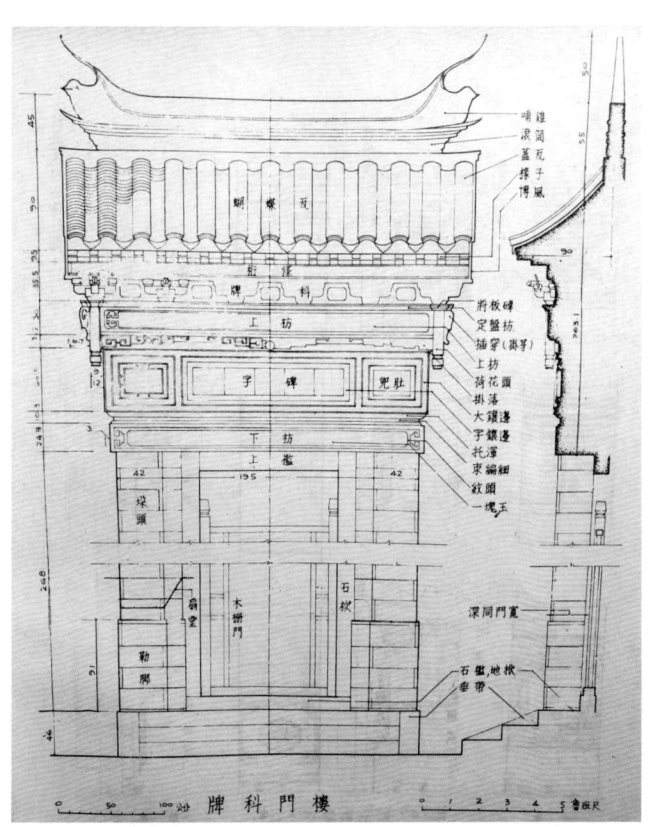

图2 苏式宅院门楼:墙门 - 库门

图 3 典型新式石库门西式门楼：
上海山阴路 57 弄的四达里

的历史文化寓意源远流长，即使后来以砖拱或砖砌加砼浇筑，外加灰塑装饰的宅院大门，仍被称为"石库门"。这种石框大门，普遍存在于江南地区的吴、徽、赣等地传统风土宅院中。"石库门"虽源自"库门"，但并不单指宅门或墙门，而且也是对所在建筑和街坊的总体称呼，犹如绍兴的"台门"，与"石库门"一样，也并非单指宅门，而是泛指以大户姓氏冠名的街坊宅院群。如果以西方现代城市形态理论观察，则其实际上是以围绕街区地块的街道、主弄、支弄构成的里弄肌理网络（matrix），与地块内的石库门建筑物、构筑物、植物、标识物等人造实体（artifact），共同形成了石库门里弄街区的图–底关系（figure-ground）（图 3）。

1.2 形态演替

学界一般认为，上海里弄住宅可分为"早期石库门里弄""后期石库门里弄""新式里弄""花园里弄"和"公寓里弄"五种类型[2]。上海近代史上，石库门里弄形态出现在老上海，与中、西两种文明的交集与碰撞关系密切，从英式简屋到中式联排宅院，再到中西融合的联排住宅，经历了百年形态演替和文化交融过程（acculturation）。

1843 年，英国驻沪领事巴福尔（C.G.Balfour）租用上海老县城新衙街（Se Yaon Road）顾姓（音译）人家 52 间房屋的宅院，作为临时的领事馆所在。1845 年，上海道台宫慕久与巴福尔订立《土地章程》（Land Regulation）（注 3），实行"华洋分居"制，规定华人不得租赁界内建造的房屋。当时英租界面积为 830 亩，三年后扩至 2 820 亩，界内洋人仅有 175 人，都居住在黄浦滩一带的村落民房中[3]。1853 年"小刀会"起义占据上海，大量躲避战乱的难民涌入租界，当时为应居住之急，是否搭建了临时的简易"木板房"不详，而《土地章程》明文禁止建造易生火患的"草寮、竹舍和木屋"[4]（注 4），其后的新章程也有类似条文规定，故当时可能建造了英国本土 18—19 世纪乔治和维多利亚时期砖木结构的简易联排住宅（图 4）。

图 4　20 世纪初英国的砖木结构联排住宅

由于战乱也给租界带来了房地产商机，英租界当局遂于次年联合美、法租界殖民当局重订了新的《土地章程》，允许华人租赁界内房屋。由此不难推断，江南立帖式木构架联排宅院应成为入界华人的心仪居所，新章程中提到的"起造房屋，扎立木架及砖瓦木料货物"，透露了砖木结构的信息[5]。这种结构户间有封火墙，亦可解释早期石库门里弄雏形的中式缘由。此外，《土地章程》对界内涉及公众利益的城市空间秩序也作出严格规定，如不得砍斫树木或于他处挖土起坟，不得侵占公共路面（中国古代称"侵街"），包括耸出屋檐、堆积物件及垃圾、疏泄沟洫污水，不许当街喧嚣滋扰他人等，这些基本规则从此开始影响到近代上海的城市建设和公共管理。

上海早期的石库门里弄，也称"旧式石库门里弄"，应脱胎于江南传统聚落（城、镇、村）中的石库门民居，现知最早的为英租界 19 世纪中的兴仁里（1980 年拆除），住宅平面 3~5 间，传统立帖式木构架（穿斗结构），黛瓦粉墙，户间和山墙有徽式马头墙或吴式观音兜等封火砖墙，单元石门框上部有砖砌中式抱厦屋檐，黑漆木门扇和铜质门环，门内多为三合院天井，形成了相互毗连的联排式里弄布局及肌理，很可能受到了上海老城厢江南传统街坊的影响。由于占地大，用料小，老化快，非标准，建造效率低，从 20 世纪初开始，这些旧式石库门里弄已渐向新式转化，经过各时期的拆改重建，只留下洪德里这样保留旧式遗存的少量例子[6]（图 5、图 6）。

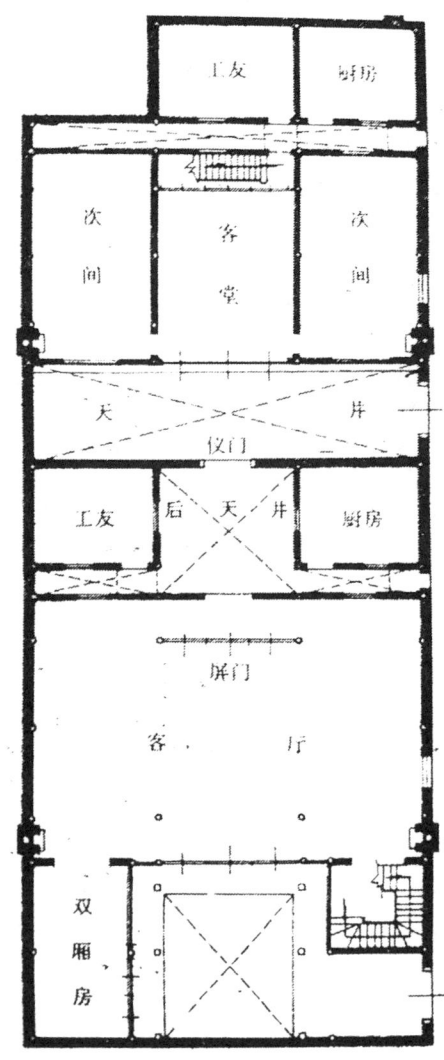

图5 早期石库门洪德里平面

1910年代，上海兴起以西式为主的"后期石库门里弄"，也称"新式石库门里弄"，并在30年代发展到高潮。这种里弄住宅应与英国20世纪初升级版的砖木结构联排住宅（townhouse）关系较为密切[7]，采用了有利工业化批量开发的标准单元式建造方式。其空间布局，融汇了传统街坊和西式街区的布局特征，保留了中式里弄的肌理关系，但建筑界面整齐划一，弄堂路网笔直通畅，已走在当时远东城市居住街区的前列（图7、图8）。

新式石库门里弄发展的一个典型特征，是规模渐大，户型渐小，一般1~2个开间，主要为西式砖木结构（晚期还有砖混结构），三角木屋架，砖墙承重。机瓦顶，红砖清水墙或青砖墙红砖饰带，亭子间，后厢房，阳台，拱券门、窗洞，三角形或圆拱形门楣（pediment or arch lintel with cartouche）等。从中可以体味到中西文化交融的强烈气息（图9~图11）。此时的租界华人，对这种新式石库门已渐可

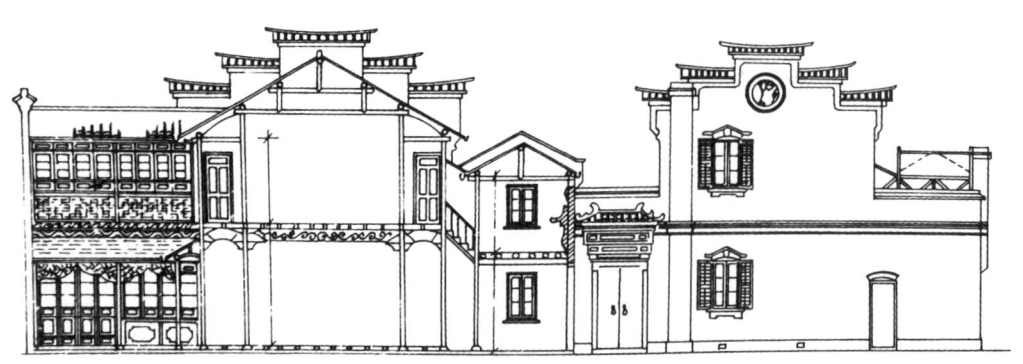

图6 早期石库门洪德里剖面

图 7　后期石库门步高里鸟瞰

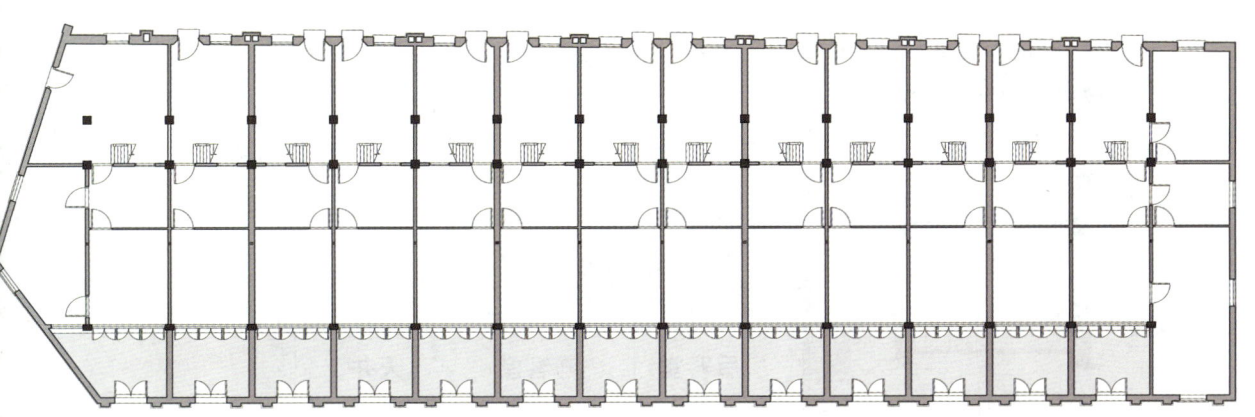

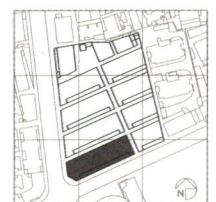

172～196 号位置图

图 8　后期石库门步高里 172～196 号平面

第五章　城市更新与数字化赋能

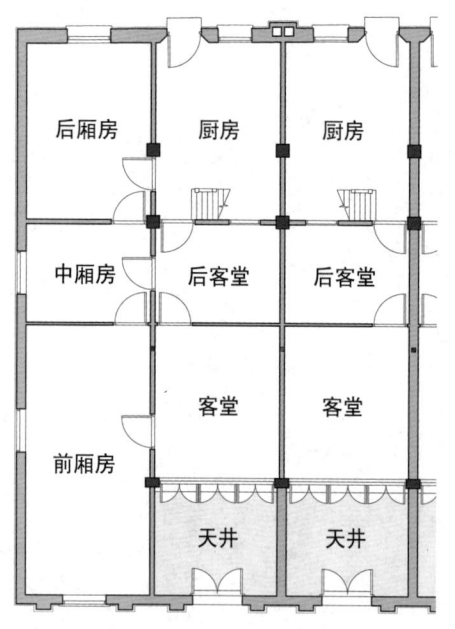

图 9 步高里双开间与单开间底层平面图

接受。即便后来上海的花园里弄和公寓里弄，也有西式同类建筑的影响，但江南街坊基因和建筑元素始终存在。20 世纪 80 年代末以来，学界有多部著作论及了石库门里弄的特征与演变[8~12]。

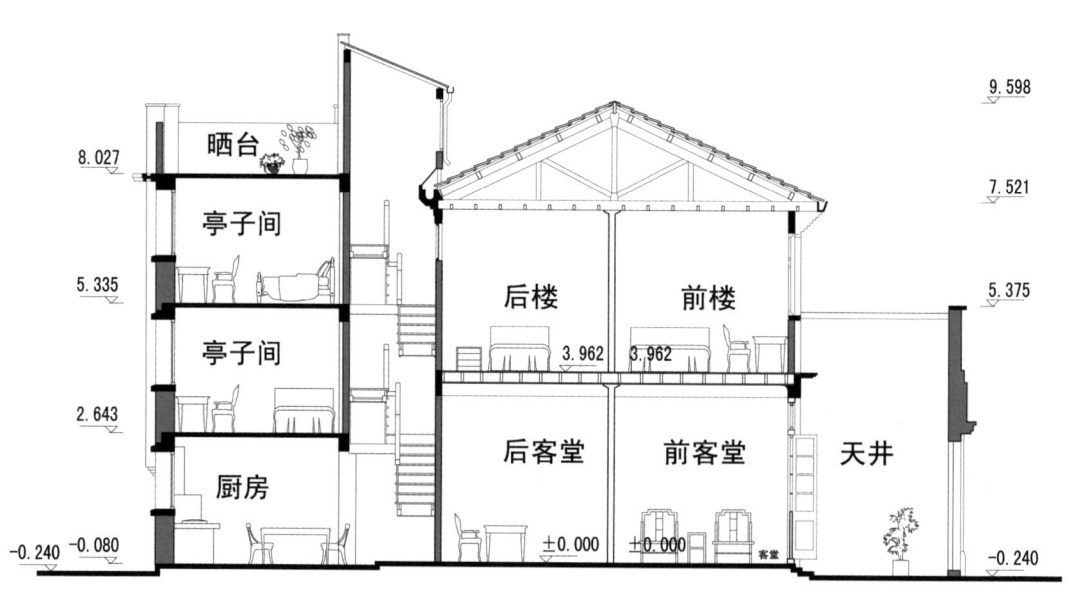

196号剖面图（原貌）

图 10 后期石库门步高里 196 号剖面

图 11　步高里标准单元轴测图

1.3　境况与问题

旧上海聚居的拥挤在建筑上表现为低层高密度,据统计,1949 年城区 82.4 km² 范围内挤住了 300 万人口,半个多世纪过去,上海市中心城区面积扩大了约 8 倍,人口却只增加了 3 倍多,在 1 000 万人左右,相当于密度比新中国初建时降低了 60% 以上。据 1949—1950 年统计数字,当时上海共有 9 214 条里弄,1 242.5 万 m²,市区人口三分之二(约 200 万)以上都居住在里弄中。这其中,石库门里弄占有很大比例。

经过 70 多年的沧桑岁月洗礼,特别是近 40 载的旧城改造,对"棚改""拆违""动迁"等付诸实施,到上海世博会召开前,上海已累计完成旧区安居工程 83 万户,2 076 万 m²,约占旧区需改面积三分之二。到了 21 世纪的第二个 10 年,由于旧改的开发红利已经消弭,经济社会条件今非昔比,所余 40 万户,874 万 m² 的低质房屋改造难度大增,至今尚在缓慢推进中探索可行途径[13]。在这样的演进背景下,上海城区现有 813 万 m² 的里弄住宅总体上何去何从,难以一概而论。官方基本导向是,其中的九成即约 730 万 m²,将予以保存修缮或保留更新。然而如何保留,怎样更新,都是很大的难题。

2　石库门里弄与建成遗产

2.1　症结何在

泛指的石库门里弄,既有少量昔日上层社会高档的洋房和公馆,也有工薪阶层的小院排屋,还包括占比很大的低质房屋,即近于贫民窟的"七十二家房客"式社会底层聚落,长期以来被泛称为"二级以下旧里"。在这一进程中,虽然典型石库门里弄均取得了各级文物保护单位、历史文化风貌区和优秀历史建筑等法定身份。但是由于上海历史上租地造屋的房地产开发方式,租期一般只有 20~30 年,所以石库门里弄的住宅建造质量大多不高,居住环境呈高密度低品质状态,生活设施不配套,房屋属性和居住权关系复杂,以及修缮提质的成本效益问题等,均使保护与改良举步维艰。其中那些没有保护身份或身份模糊的对象,多在法定"历史建筑"术语前加有"保留""一般""风貌"等限定词。由于这部分量大面广,如今竟可类比"鸡肋",在城市更新大潮中去留两难,对各攸关方都形成了很大的压力和挑战。

因此,在以"留""改""拆"(还应有拆后的"添")为导向的城市更新攻坚难点 – 旧居住区面前,究竟应如何对其妥善处置,似有必要从认识论和方法论角度,以国内外遗产话语比较的方法,对石库门问题产生的来龙去脉再予梳理,以找到适合国情和地情的解决对策。为此,下文将从研究的本体 – 石库门及其遗产话语的关联域入手展开。

2.2 遗产话语

"建成遗产"(built heritage)是以建造方式形成的文化遗产,包括建筑遗产、聚落(城、镇、村)遗产和景观遗产。石库门里弄既属聚落遗产,也属建筑遗产。在工业时代,建成遗产主要指古迹遗址(monument and site),但自西方进入后工业社会的 20 世纪 60 年代以来,对文化遗产的关注度越来越高。先是 1964 年第二届"关于历史建造物的建筑师与专家代表大会"通过《威尼斯宪章》(注 5),提出了影响全球的古迹修复原则,笔者曾将之概括为"修旧如旧,补新以新",也就是"修",要尽量做到原址原貌和原工艺原材料;而"补",要特意做到新补的须新旧区分,留下干预的痕迹[14]。接着是 1972 年联合国教科文组织通过《保护世界文化与自然遗产公约》,对建成遗产的认知和认定范围被大大拓展。这是因为随着物质文明的进步,人对文化记忆和身份认同的欲求也在不断增加,作为其载体的建成遗产也必然地从文物古迹,扩大至与过去相关的所有值得记忆和缅怀的对象,于是遗产热开始风靡全球[15]。英国著名历史学家大卫·罗温塔尔(David Lowenthal)对此这样评价:在我们这个技术和文化飞速演进的时代,凡事方兴即废,过往陌若异邦,所以"在失去和变化的恐惧中,唯有紧紧抓住残剩的定力,方能从容应对,不乱方寸",他所说的"定力"就是遗产[16]。

在遗产热的影响下,拥有城市记忆和观光体验价值的旧建筑和旧街区,也成了保护的选择对象。例如,在法国里昂的历史保护街区,从文艺复兴以来的老宅,到 18—19 世纪红十字区(Croix Rousse)的工人住宅,都成了世界文化遗产的组成部分(图 12)。

图12　18—19世纪红十字区（Croix Rousse）的工人住宅外观

不仅如此，保护对象的岁数也在"年轻化"，如美国的《纽约市宪章与管理规程》提出，任何建成30年及以上品质良好的建成物都可登录保护[17]。逾半个世纪以来，特别是上海市颁布《历史文化风貌区和优秀历史建筑保护条例》20年来，上海包括石库门里弄在内的各级、各类法定建成遗产及政策性保留的对象，形成了一个庞大的保护体系，甚至对建成50年以上的建筑物要逐个进行特征识别和价值判定，不能随意拆除。这些也与国际遗产话语及价值观影响密切关联[18]（注6）。

2.3　干预方式

毋庸置疑的是，所有的保护对象都有其生老病死的生命周期，是让其在权宜维护中苟延残喘或自生自灭，还是以文物古迹的保护原则，投入周期性的维护和修缮，甚至让其以某种方式活在当下，获得再生，这些在国际上持续了两个世纪的价值观和干预方式（intervention）之争，已不能用来泛泛比照今天如此庞大数量的保护对象，因为这与从前那种遗产的珍稀性已不可同日而语。如今对遗产认定的由头越来越多，以致忽略了如此广泛的遗产认定，究竟如何融入今天和未来的生活。英国18世纪的哲学家大卫·休谟就已提出，客体价值的多样性植根于感知主体思想的多样性，而非被感知对象自身的特质。罗温塔尔也认为，遗产与今天的关联属于人为的建构，而非自然的因果律所致。所以历史保护不应与社会整体演进相脱离，切分出来孤立运作，而是要成为影响城市化进程的一种文化推力（the urbanistic impulse），和"对当代社会极其审慎地进行文化塑形的方式之一"[19]。1977 年对国际建筑与规划界影响深远的《马丘比丘宪章》，提出了兼顾遗产价值与活力的再生途径，为了让遗产具有经济价值并真正活起来，就要让保护与建设同步推进，适应城市进程，促使新旧共生[20]。

所谓"干预方式"，是指建成遗产保护与活化的各种技术手段和实操方法。广义的干预涉及三个基本概念及其应用范畴。

其一，保护（conservation）是管控变化，而不是一概尘封式地阻止进化，无论是作为历史标本，还是可局部更新的对象，保护都需要采取适度干预方式，包括保存维护（preservation）、修复完形（restoration）、提质翻建（renovation）、和谐添建（addition），以及原物复建（anastylosis）或有据重建（reconstruction）等。石库门里弄也应根据其价值大小和保护类别高低，采用不同的或综合的保护干预方式。从这个角度可以说，保护遗产本体的最大意义是掌握逼真再现的能力。

其二，再生（regeneration）的中文本义是"修旧利废"，指对残存或废弃的保护对象进行修缮、整饬和活化利用（reuse，revitalization）等综合干预。胡适说"整理国故，再造文明"，也有宏观意义上的再生意思[21]。因此可以说，保护是再生的前提，再生才是保护的目的。

其三，更新（renewal）一般指除旧布新，可用于旧区改造和城市品质的提升。但对建成遗产及其历史环境，却应警惕管控失当的兜底更新，规避大刀阔斧的激进改造（transformation），特别是防止造成文化失忆和循环利用中断的大拆大建。事实上这种"城市更新"的过度干预，已经在国内的历史城市更新中大规模地发生过了，比如国家历史文化名城中，竟有老城内历史文化街区一条无存的窘况。

3 石库门里弄再生模式

上海在吸收国际建成遗产保护理念和经验，参考国家有关法律法规的基础上，2002 年颁布了《上海市历史文化风貌区和优秀历史建筑保护条例》，具体实施细则考虑了与身份属性和保护等级的关联。如对一类优秀历史建筑的把控尺度近于文物保护要求；对二、三类优秀历史建筑则允许程度不同的改良提质，也就是可增加干预度；而对第四类只要求保留建筑的一个主立面，其余部分可根据需要进行翻建和更新（图 13）。至于历

图13 霞飞坊（淮海坊）鸟瞰

史文化风貌区内品质不高的风貌建筑，量大面广，到底应采用什么方式活化再生，在理念和途径上均难以取得各攸关方共识，使其在存废之间进退维谷[22]。迄今上海石库门里弄的保护与再生模式和干预方式大致可分为以下四种[23]（注7）。

3.1 文物保护模式

以标本式保存为主线的"文保模式"。这是一些受到国家文物保护法保护的石库门里弄，如国家重点文物保护单位渔阳里，市级文物保护单位步高里和尚贤坊等，基本上是按文物保护法和实施细则进行维护和修缮，主要侧重于加固已严重老化的砖木及砖混结构，维护内外形体轮廓的历史特征，修缮的材料、技术及标准近年来已大幅提高，如石库门特征最显著的清水砖墙，已淘汰了早期的外表刷饰、描灰缝、贴砖皮等简陋做法，代之以原砖墙的修补、打磨、勾缝，采用了防止物理性、化学性和生物性损害的技术手段（见后文）。

因这些文保身份的石库门住宅大部分都是只有居住权的公房，动迁可能小，户均居住空间窘迫，公用厨卫，生活品质和舒适度很难根本改善。比如，历史上一户人家使用的卫生间，只能多家户外合用，已有的解决办法是在户内辟出狭小空间安装卫生设施，或将公用卫生间划分成宽度仅 60 cm 左右的狭小单元，供各户分别使用，这实际上是一种低档化的权宜改造，且这样的改善，是以降低历史空间特征和品质为代价的。问题是，这些文物身份的石库门里弄，如何标本兼治地同时解决遗产保护和民生困窘，有无可能在"螺蛳壳"中做成"道场"，这已不单单是具体的文化和技术问题，而是经济社会发展格局中的统筹和联动问题。这些文物身份的石库门里弄因法律、政策和资源的适用余地如今已很小，居民大多难于动迁，无法以国家信托方式交由社会力量经营管理。西方旧城更新中成功采用过的公众参与模式，在中国国情和产权关系的现实条件下，还有待进一步的实验探索[24]。

3.2 田子坊模式

以文创途径活化为主线的"田子坊模式"。位于泰康路上的田子坊，占地约 2 公顷，是由东面 210 弄的"田子坊"（原为建于 1930 年的"志成坊"）、中间 248 弄的"天成里"和西面 274 弄的"平原里"三个弄堂组合成的街坊。这里从民国时期的知名工坊到新中国初期的里弄工厂，在空间资源和历史内涵两个方面都具备了适合文化创意产业落地的活化条件。于是，20 世纪末启动了从志成坊向扩大了范围的田子坊的转型再生，其模式的核心是多方参与和权益共享。先是政府对改善基础设施的投入，接着是居民对石库门宅院的出租，然后是艺术名家和中外投资、经营商纷至沓来，建构了以书画、摄影、剪纸、陶艺、琉璃等艺术工坊为特色的石库门里弄文化创意园，展销、游憩、淘旧、泡咖等文化消费场所为里弄空间赋能，使田子坊很快成为驰名中外的上海观光热点。

田子坊是以宽不过 3~4 m 的弄堂和最窄处不到 2 m 的小弄，以及参差不齐的弄边街廊界面，构成了里弄的肌理网络；环绕其中的是 80 余载时光汇聚而成的地块实体——姿态各异的石库门建筑和其他景物。从占比较大的新式石库门，依稀可辨的旧式石库门，雍容贵气的花园洋房，鳞次栉比的各色弄边门面房，到反差很大的现代住宅楼，以及有些突兀的近年时尚元素，构成了一幅穿越今昔、跨越中外，可识别、可体验的拼贴图景。尤其吸引中外观光客的是，这些弄堂建筑表面刻意保留了斑驳的岁月印痕，外透着西式"古锈"的味道。正是这样一个带着上海历史记忆和场所体验的地方，以其文化内涵的激活和文商能量的释放，使得"田子坊模式"有了强烈的实验性。确实，这种多元共生的再生模式，保持了石库门里弄的肌理和实体，焕发了整个街区的活力，体现了经济和文化的复兴意味（图14）。

即便如此，这样的再生模式也遇到了现实挑战。由于租房层级的增加，房租层层加码，业态发展失衡等原因，这样的再生是否可持续，能否被推广，已受到了不少质疑。但有一点是肯定的，田子坊模式首开了石库门里弄的文化创意场所实验模式，这种模式有可能产生各种适应性的变体，成为都市历史环境活化再生的动力源。正在实施中的同类石库门里弄活化案例——张园，采用顶升平移技术，将石库门建筑移位以开发地下空间，然后再将之复位，目的是为张园的整体保护性更新提供空间补偿（图15）。

图14　各式里弄荟萃的张园鸟瞰

图15　田子坊场景

3.3 建业里模式

以翻新复建为主线的"建业里模式"。位于衡山路历史文化风貌区内的建业里，建于20世纪30年代，是上海典型的石库门里弄住宅区之一，占地约1.79万 m^2，由260栋具有"优秀历史建筑"保护身份的石库门住宅楼分东、中、西三路组团构成，是继田子坊之后的又一个石库门里弄再生实验案例。开发主体为政府和中外发展商，采用西路本体保留及原样修缮（40%），中路和东路拆除"复建"，置入酒店式公寓（60%）功能的高档化商业改造方式[25]。这种拆、改、留并举的干预模式是否恰当，曾引起业内外的广泛争议，否定性意见占比很大，因为翻建或拆除复建"优秀历史建筑"是否可行，第一要看是否合法，是否"销号"，第二对设计、施工和管理有极高的专业要求。

可以说，"建业里模式"是值得反思并有启发意义的典型案例，其经验和教训主要可概括为以下三点。

其一，尽管石库门里弄作为居住类历史街坊，其保护重点主要是之于城市记忆的里弄肌理、尺度和整体风貌，即使东路和中路品质不高，拆除复建也需要考虑其保护类别，符合相应的申报程序，这是干预合法性的前提。

其二，建业里的部分拆除复建，其实是一种翻建或翻新[26]（注8），二者的差别是，翻建只需再现原物实体和空间的典型特征，可以有功能和形式的改良和创意，而复建即复原，要求尽可能原汁原味、甚至一板一眼地接近原物。建业里既未能发挥翻建的创意，如新旧共生、和而不同的"与古为新"；又未能达到复建的逼真，如尽可能利用原来的砖、木材料，注重细节的复原，因而招致了质疑和诟病。

其三，虽然不可否认，"建业里模式"是一种非标本式的保护与再生选择，但在干预方式上，还是应优先考虑外观维护和内部更新，其次才是既有管控又有创意的翻建，而拆除复建对于砖木混合结构来说并不适合，因为很难达到复原所需的高度和精度，而对大量一般没有特殊保护价值的石库门建筑，一旦拆除，再将有限资源投入到不必要的"复原"上，实际上得不偿失（图16）。

图16　建业里部分重建后的石库门外观

3.4 新天地模式

以改造更新为主线的"新天地模式"。黄陂南路上的"新天地"旧改项目因比邻开天辟地的"中共一大会址"而得名，20世纪末由美国建筑师本杰明·伍德（Benjamin Wood）策划，将占地3万 m² 地块内的非保护类石库门里弄，以"手术式"再生模式，只租不卖的经营策略，转变成了餐饮、购物和休闲消费总汇，可称为上海版的香港兰桂坊。该项目保持了这片石库门里弄的格局和肌理，修缮、翻建了旧住宅群，开发商因此获得了所在太平桥地段52万 m² 土地开发权的补偿。

"新天地"项目对基地内的石库门建筑大多进行了翻建，原清水砖墙部分保留加固，修缮面层，部分拆除复建（实为重建），并利用了一些老砖瓦。所采用的德国雷玛仕砖墙修复技术（Remmers），适应了上海的环境气候和材料、建造特点，以特制增强剂和阻水剂，控制住了渗水、泛碱、苔藓等常见砖墙损害[27]（注9）。屋顶以江南抬梁式木屋架更换原西式三角屋架，地面以小青砖铺砌取代原水泥面层。石库门内的三合院被改为室内空间，并将各单元院落纵向贯通，形成了带状的门厅。所有这些翻建和改建，在中式装饰构件的点缀下，使石库门的传统居住空间，完全转型为江南韵味的现代咖吧空间。对于没有保护身份的对象来说，这不失为一种高水平的创意设计模式[28]（图17、图18）。

图17 "新天地"石库门街区广场　　图18 "新天地"石库门弄堂

虽然"新天地模式"获得了商业开发和文化创意的巨大成功，但这种模式在2007年国家《物权法》问世后，由于补偿红利大幅缩水等原因而很难复制，因此"新天地模式"实际上已成为绝版。但是其在非保护类石库门里弄肌理保留和活化再生方面，还是给后来的历史城市更新留下了可资启迪和借鉴的经验。

4 结语：挑战与对策

上海的石库门里弄住宅拥有文保单位和优秀历史建筑保护身份的部分，包括260处保护街坊，350个保护地块，基本上都有法律和政策的管控保障，其余部分的去留主要看价值判定，政策调控和市场作用的相互调适。就石库门里弄保护而言，有三个不可忽视的关键点。

第一，把类型和质量的关切度置于规模和数量之上。对石库门里弄这类大量性历史居住类型而言，并非保存的越多越好，而是应把保护的重心放在各时期的类型样本齐全、维护质量提升方面。比如保存下来数量很少的清末旧式石库门里弄案例，新式石库门里弄（20世纪10至30年代），以及新式里弄及花园里弄（30至40年代）的经典案例，都应有重点保护的样本，并要有细致的研究建档，适应性的修复和活化再生策略。此外，对新中国建立至今石库门里弄的修缮、加建和改建状况应有专题研究和整理建档。

第二，不仅要有保护的前提，而且要以活化再生为目标，以适应生活演进对建筑空间功用和品质的需求，让石库门里弄活在当下，留给未来。为此，需要理性判定其价值属性及保护身份，选择和运用恰当的再生方式及设施改良等方面加大研究和实践的力度和精准度。

第三，对于大量性品质一般甚至较差的石库门里弄建筑，翻建是循环再生的重要手段。但究竟哪些应当保留，哪些应当改建，哪些需要加建，哪些新旧材料和技术可以兼容等，这些问题虽没有标准答案，也都需要细细斟酌，每个再生工程均应一例一议，综合诊断，对症下药，务求把握得体的策略选择和解决途径，并且要与所在地段或区域经济社会可持续发展的目标和动态相呼应，为石库门里弄找到活化再生的可行途径[26]。

注释

1. 唐张祜《纵游淮南》的"十里长街市井连"和王建《夜看扬州市》的"夜市千灯照碧云"，虽描述的都是扬州，但至迟在唐后期，可以推断开放的街市应不限于扬州一城。
2. 《营造法原》中的"墙门"包括宅院外门和内院隔墙上的门，但墙门也即库门，只是指外门的门楼。
3. 上海《土地章程》前后有1845、1854和1869三个版本，其中透露了一些与石库门里弄相关的租界建设信息，以第一个版本稍多，参见蒯世勋《上海公共租界史稿》46～49页。这本书实际上是由《上海市资料丛刊》的两篇史稿–徐公肃、丘瑾璋的《上海公共租界制度》和蒯世勋的《上海公共租界史稿》，以及两篇史料译稿组成。
4. 最早的《土地章程》作"草簝、竹舍、木屋"，其中"簝"应为"寮"之误，因为簝为竹器或茶名，草簝与竹舍、木房不能并列，故应为草寮。
5. 《威尼斯宪章》的产生有一个漫长的演进过程。1926年法国巴黎成立"国际智识合作组织"（CICI），其下属机构"国际博物馆事务办公室"（IMO）主办了1931年的国际首届"关于历史纪念物的建筑师与技师代表大会"（ICATHM），推出了古迹修复领域著名的《雅典宪章》。1946年IMO功能被"国际博物馆理事会"（ICOM）取代。1957年在巴黎召开了首届"关于历史建造物的建筑师与专家代表大会"，发出了从ICOM独立出来，加入"国际保存和修复文化资产研究中心"（ICCOROM）的呼吁。1964年第二届代表大会在威尼斯召开，通过了《威尼斯宪章》，成立了"国际古迹遗址理事会"（ICOMOS），使其在建成遗产国际话语权方面的影响至今首屈一指。
6. 上海的建成遗产主要包括：全国重点文物保护单位40处，登记不可移动文物4 400处，历史文化风貌区（即历史文化街区）市区12片（含119处风貌街区），郊区及浦东新区32片，风貌保护道路144条（含64条"永不拓宽"风貌道路），优秀历史建筑1 058处，国家历史文化名镇名村13个，国家级"传统村落"5个（见上海市有关遗产保护名录）。
7. 作者于2009年新中国成立60周年时受中国建筑学会委托，撰写了《旧改中的上海建筑及其都市历史语境》一文，其中讨论了这四种石库门里弄保护模式。12载过去，客观现实与主观认知都有了较大变化，本文对四个模式做了二次反思，将重点从保护转向了再生。
8. 翻新或翻建（renovation），本是建筑生命周期中的一种循环再生的干预手段，对朽坏严重的旧建筑恢复生机、提升品质有很大作用。但不是所有旧建筑都适合翻建，而是要看其遗产价值和保护身份，也即必须合理合法。在翻建工程前，哪些部分应当保留，哪些部位应当更新，新旧材料和技术如何兼容等，都应该了然于胸。见参考文献26。
9. 德国雷玛仕技术在新天地成功采用后，也被用于外滩九号轮船招商总局大楼清水砖墙的修复，经20年检验，效果良好。见常青、王方、王红军．百年残楼的复生——外滩九号轮船招商总局大楼外观复原与内部整饬设计［J］，《建筑学报》2005（5）：61，邱锡宏、张铭．轮船招商总局大楼历史建筑修缮技术，胡政主编《外滩九号的故事》［M］．上海辞书出版社，2008：61–63。

参考资料

1. 姚承祖原著．《营造法原》［M］．张至刚增编，刘敦桢校阅，中国建筑工业出版社，1986：41．
2. 沈华主编／上海市房产管理局编著．《上海里弄民居》［M］．中国建筑工业出版社，1993：14．
3. 蒯世勋等编或译．《上海公共租界史稿》［M］．上海人民出版社，1980：307–318．
4. 蒯世勋等编或译．《上海公共租界史稿》［M］．上海人民出版社，1980：49．

5. 蒯世勋等编或译.《上海公共租界史稿》[M]．上海人民出版社，1980：54.
6. 陈从周、章明主编.《上海近代建筑史稿》[M]．上海三联书店，1988：160-164.
7. 詹姆斯.W.P.坎贝尔．英国的风土建筑[J].潘一婷译,《建筑遗产》,2016(3)：58-61.
8. 郑时龄著.《上海近代建筑风格》[M]．上海教育出版社，1999：146-151.
9. ZHENG Shiling.Reflections on Architectural Heritage Conservation in Shanghai[J]．BUILT HERITAGE，Inaugural Issue，2017（1）：3-5.
10. 罗小未、伍江主编.《上海弄堂》[M]．上海人民美术出版社，1997：2-4，8-12.
11. 伍江编著.《上海百年建筑史》[M]．同济大学出版社，1997：119-127.
12. 杨秉德著.《中国近代中西建筑文化交融史》[M]．湖北教育出版社，2003：233-241.
13. 常青.旧改中的上海建筑及其都市历史语境[J],建筑学报，2009（10）：24.
14. 常青.《建筑遗产的生存策略》[M]．中国建筑工业出版社，2003：4.
15. 常青.过去的未来：关于建成遗产问题的批判性认知与实践[J],《建筑学报》,2018(4)：8.
16. David Lowenthal. THE HERITAGE CRUSADE AND SPOILS OF HISTORY[J]．Cambridge University Press，1998：6.
17. Paul Spencer Byard, The Architecture of Additions[J]．W. W. Norton & Company，1998：77-79.
18. CHANG Qing. A Chinese Approach to Urban Heritage Conservation and Inheritance：Focus on the Contemporary Changes of Shanghai's Historic Spaces[J]．BUILT HERITAGE，2017（3）：16-17.
19. [美]兰德尔.梅森.论以价值为中心的历史保护理论与实践[J],卢永毅、潘玥、陈旋译,《建筑遗产》,2016(3)：3-4.
20. 马丘比丘宪章[J].陈占祥译,《国外城市规划》,1979,00期.
21. 常青.传统建筑古今观[J].《建筑学报》,2019(12)：16.
22. 刘刚.上海石库门里弄的存废[J].《建筑遗产》,2016(4)：1-11.
23. 常青.旧改中的上海建筑及其都市历史语境[J],建筑学报，2009（10）：23-28.
24. 李斌、徐歆彦、邵怡，等.城市更新中公众参与模式研究[J]．2012（2）：134-137.
25. 林泓.上海里弄保护与改造实践综评[J].《建筑遗产》,2016(4)：12-20.
26. BROTO C. New Concepts in Renovation[M]. Barcelona：Arian Mostaedi，2005：9.
27. 戴仕炳.历史建筑外立面保护与防水,中国文化遗产研究院（编）.中国文物保护与修复技术（第三章第六节）[M]．科学出版社，2009.
28. 罗小未主编,沙永杰、钱宗灏、张晓春，等著.《上海新天地-旧区改造的建筑历史、人文历史与开发模式的研究》[M]．东南大学出版社，2002：74-75.

图片说明

图1.旧上海的石库门里弄与城市肌理。图片来源：上海市历史博物馆馆藏（原图的局部）

图2.早期石库门来源之一：苏式宅院门楼（墙门-库门）立面图。图片来源：参考文献1图版四十一

图3.后期石库门典型西式门头：山阴路57弄四达里。图片来源：席闻雷 摄,《建筑遗产》2016第4期封三

图4.英国20世纪初砖木结构联排住宅轴测剖视图。图片来源：参考文献7第61页

图 5. 早期石库门洪德里平面图。图片来源：参考文献 6 第 182 页

图 6. 早期石库门洪德里剖面图。图片来源：同图 3-1

图 7. 后期石库门步高里鸟瞰图。图片来源：祝东海 摄

图 8. 步高里 172-196 平面。图片来源：同济 CAUP 学生测绘

图 9. 步高里双开间与单开间底层平面图。图片来源：祝东海 绘

图 10. 步高里 196 号剖面。图片来源：同济大学建筑系学生实习测绘

图 11. 步高里标准单元轴测剖视图。图片来源：祝东海 绘

图 12. 18—19 世纪红十字区（Croix Rousse）工人住宅外观。图片来源：常青 摄

图 13. 霞飞坊（淮海坊）鸟瞰图。图片来源：《传承－上海第四批优秀历史建筑》第 148 页

图 14. 张园多样里弄鸟瞰图。图片来源：刘刚 摄

图 15. 田子坊场景。图片来源：常青研究室

图 16. 建业里部分翻建后的石库门外景。图片来源：常青研究室

图 17. "新天地"石库门街区广场。图片来源：王伟强 摄

图 18. "新天地"石库门弄堂。图片来源：王伟强 摄

人民城市的可持续更新模式与未来

王　林
上海交通大学设计学院教授、中国城市治理研究院责任教授、城市更新保护创新国际研究中心主任

本文摘自作者在"2023全球城市论坛"上的演讲。

党的二十大报告明确提出,"加快转变超大特大城市发展方式,实施城市更新行动,打造宜居、韧性、智慧城市。"城市更新理论与实践经历了从"城市重建"到"城市振兴"再到"城市更新"等阶段的演进,关注重点从"城"到"人",实施路径由"政府统管"到"协同共治"。当前,伴随着城市发展逐渐从增量开发到存量运营,我国城市进入"存量更新"与"高质量发展"新阶段,城市更新成为新常态,相关理论和方法亟须系统梳理和创新思考。

目前,上海市正积极探索构建"可持续的城市更新模式",提出"要把城市更新作为落实城市总规的过程,作为推动高质量发展的重要途径,作为现代化建设的重要载体,作为拓展城市空间、强化城市功能、提升城市品质、增进民生福祉的重要抓手,深入探索新形势下城市更新的新路子"。

1 人民城市理念与城市更新发展

1.1 国家战略

"人民城市人民建,人民城市为人民"是习近平总书记在上海考察时提出的重要理念。他强调,要像绣花一样精细管理城市,满足市民对城市公共空间和生活品质的更高需求。在党的二十大报告中,高质量发展是全面建设社会主义现代化国家的首要任务,同时做出"提高城市规划、建设、治理水平,转变城市发展方式,实施城市更新行动"的决策部署。

1.2 城市更新发展现状与思考

随着城市更新相关配套政策从中央到地方的不断落地和实施,各地积极探索城市更新统筹谋划机制、可持续模式和配套支持政策等,并通过推进城市更新地方试点工作,形成了一批地方城市更新可复制的经验做法。但是,大部分城市仍处于结合国内外更新经验和自身城市特点开展初步研究和探索的阶段。新发展阶段下的城市更新工作在更新理念、目标、类型、机制等方面都与之前发生了巨大变化,尤其在更新类型上形成了要素更加多元、层次更加丰富的新局面。城市更新对象多样并涉及存量空间上复杂性的利益关系,需要全面有序、分层、分类、分区域、系统化推进城市更新,促进更新治理尺度、动力机制与管控要素的多维适配,避免因更新内容重点不清、更新方法不精细而产生"一刀切""同质化"现象,避免不符合人民意愿、违背科学、不可持续的城市更新,亟须构建全国层面的指导性框架、地方层面有操作性的更新类型体系和更新实施支撑体系。有助于针对不同地方城市的特点,破解地方城市更新中遇到的问题与挑战,明确不同更新类型的工作重点和精细化实施策略,理顺政府、企业及个人多元主体的相互关系,提升更新规划实施方案的可行性,完善精准有效的配套政策体系,创新因地制宜的可持续更新模式。

1.3 基于国际经验与上海实践的重点区域更新策略

1.3.1 中心城有机更新策略

一是"总体规划、区域更新",坚持先进的规划设计理念与思路,充分考虑未来城市所需,保证地区开发的有序、统一和协调性;二是"环境优先、总体平衡",优先提高地区景观环境品质,带动整体区域的改造提升。依据容积率转移的规划思想,通过整体规划来实现总体平衡,避免了中心城区地块因盲目追求高容积率而造成建筑高度和密度失控的状况;三是"有机更新、风貌保护",采用有机更新模式,对历史建筑群保护活化,延续历史风貌,同时满足现代生活的需要,将风貌保护与有机更新充分结合。

1.3.2 风貌街坊保护更新策略

首先,要坚持保护与更新、保留与新建的有机结合。一是必须走保护和更新相结合的路。应通过风貌价值评估判断保留和拆除的部分,避免简单的全面保留,确保新老建筑和地块功能协调,推动城市的有机生长。二是必须对现行技术规定进行创新突破。历史风貌街坊中,里弄建筑的尺度、格局与肌理与现行的技术规定有较大差别,要想保留原有空间格局、街巷尺度,就必须提出适用于历史风貌街坊的规划技术规定。对于地块中新建项目,可以通过具有针对性的修建性详细规划来保证具体落实。

其次，明确风貌街坊作为特定更新区域，制定特定土地规划政策。一是明确容积率奖励政策，对于风貌保护街坊内，采用"风貌保护、风貌保持、风貌传承"方式建设的建筑面积，给予不计容积率的鼓励政策；对于不计容的建筑，既可公益性使用，也可用于符合城市功能和地区需求的非公益性功能。鼓励容积率就地（或就近）转移，这有利于规划土地政策的推动与实际操作，更重要的是可以促进城市文化、社会与经济的整体可持续发展与多元共赢。二是明确风貌保护街坊作为城市更新特定区，不必采用通常的技术标准，"因地施策"，以城市设计和详细规划作为法定依据。

1.3.3 工业区的转型更新策略

一是加强工业整体转型。倡导集中成片的存量工业用地区域，鼓励产业更新功能性平台与街镇合作，组织区域内权属分散的零星用地权利人，整体实施转型更新。二是加强工业遗产保护。应当在工业转型过程中，传承工业文明，延续城市工业文化，切实加强工业遗产整体保护与利用工作，确保工业区转型中保护利用与有机更新相结合，要系统调研评估、整体规划统筹、传承更新发展。三是建立工业更新特定区。针对性地形成"联合转型、自主转型、政府收储"三类差别化"一地一策"实施机制和利用策略。四是加强对工业用地转型的支持力度。要坚持"以用为先"的指导思想，创新体制机制，给地方更多的盘活存量的空间和活力。（图1、图2）。

图1 波士顿南湾

图2 吴淞工业园区

1.3.4 街道公共空间微更新策略

一是明确街道公共空间微更新设计方法。要系统思维、递进引导，制定从宏观、中观到微观的设计通则、街道导则及建筑街面导则（图3）。要整体思考、问题导向，通过全方位梳理街道各界面的问题，明确问题清单及难点并制定任务清单。要精细思维、要素细化，将街道要素细分，分别对各类各项进行整体及局部的现状研究。二是制定街道公共空间微更新实施路径，要有专业思维、治理思维、智慧思维。制定实施路径需依托专业化力量，结合刚性管控与柔性引导，遵循多方共治、社会参与、过程管理，运用智能化管理和长效管控动态提升治理效能。

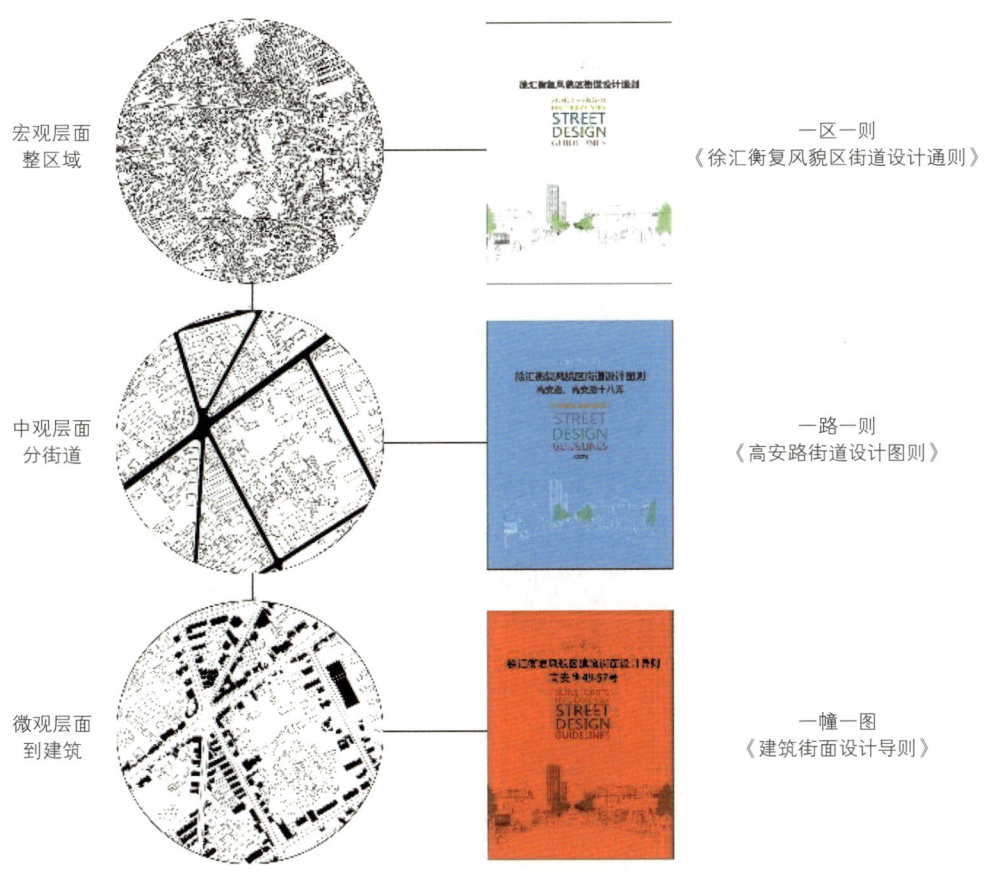

图3　递进式设计示意

1.4 城市更新分类体系建构的思考与分类原则

城市更新是一个系统工程，不仅是对存量物质空间的改造，而且涉及物质空间背后复杂多样的社会经济关系。目前已有针对城市更新角色、更新对象、更新模式、改造强度等视角的多样化的城市更新分类研究，但现有研究在更新分类的体系化、精细化，尤其在指导地方实践等方面缺少系统性的框架指引和体系建构。因此，我们提出以人民为中心的原则，即新时代城市更新分类要体现更新为了人民、更新依靠人民、更新成果由人民共享的原则，把"人民城市人民建，人民城市为人民"的理念始终贯彻在城市更新分类工作中，将人民需求、人民参与和人民共识作为更新分类的关键考量。

通过上海的若干重点领域的研究，分析建构科学分类、重点突出和协同实施的城市更新类型体系，提出城市更新类型体系框架及其建构基本原则和若干对策，以期为今后更好地引导地方城市更新行动向规范化、系统化、可持续化方向发展提供框架指引和技术支撑。

2 城市更新类型模式及实践探索

2.1 上海城市更新类型体系

上海从"十四五"规划到2035远景规划，从《上海城市更新条例》的颁布到《上海市城市更新行动方案》的出台，明确提出上海城市更新行动目标：综合区域整体更新、人居环境品质提升、公共空间设施优化、历史风貌魅力重塑、产业园区转型创新、商业商办改造升级。

依据《上海市城市更新条例》，结合《上海市城市更新行动方案》，确定上海城市更新的六大重点领域：历史风貌保护更新、住区更新公共空间更新、产业园区转型更新、商业商办更新、综合区域更新。为深化更新内涵、研究更新模式、指导更新行动将上海城市更新类型体系分为六大类、二十九中类、九十二小类（图4）。

2.2 城市公共空间更新类型及实践

城市公共空间包括广场空间、街道空间、滨水空间、公共设施附属空间、建筑外部空间、绿化空间（图5）。

2.2.1 城市街道公共空间微更新

城市街道现状存在诸多问题，一是街道景观设计编制要素不全面、不精细；二是街道设计方案刚控有余指导不足，无法应对动态更新；三是街道设计的多部门制定、管理与实施主体不衔接；四是街道城市设计的实施机制不健全、缺少长期可持续性。如何处理好整体与局部、协调与多元、刚性管控与柔性引导的关系，是街道精细化治理中必须解决的问题。

针对城市街道微更新的设计策略，首先，要有精细化的街道城市设计。一是系统思

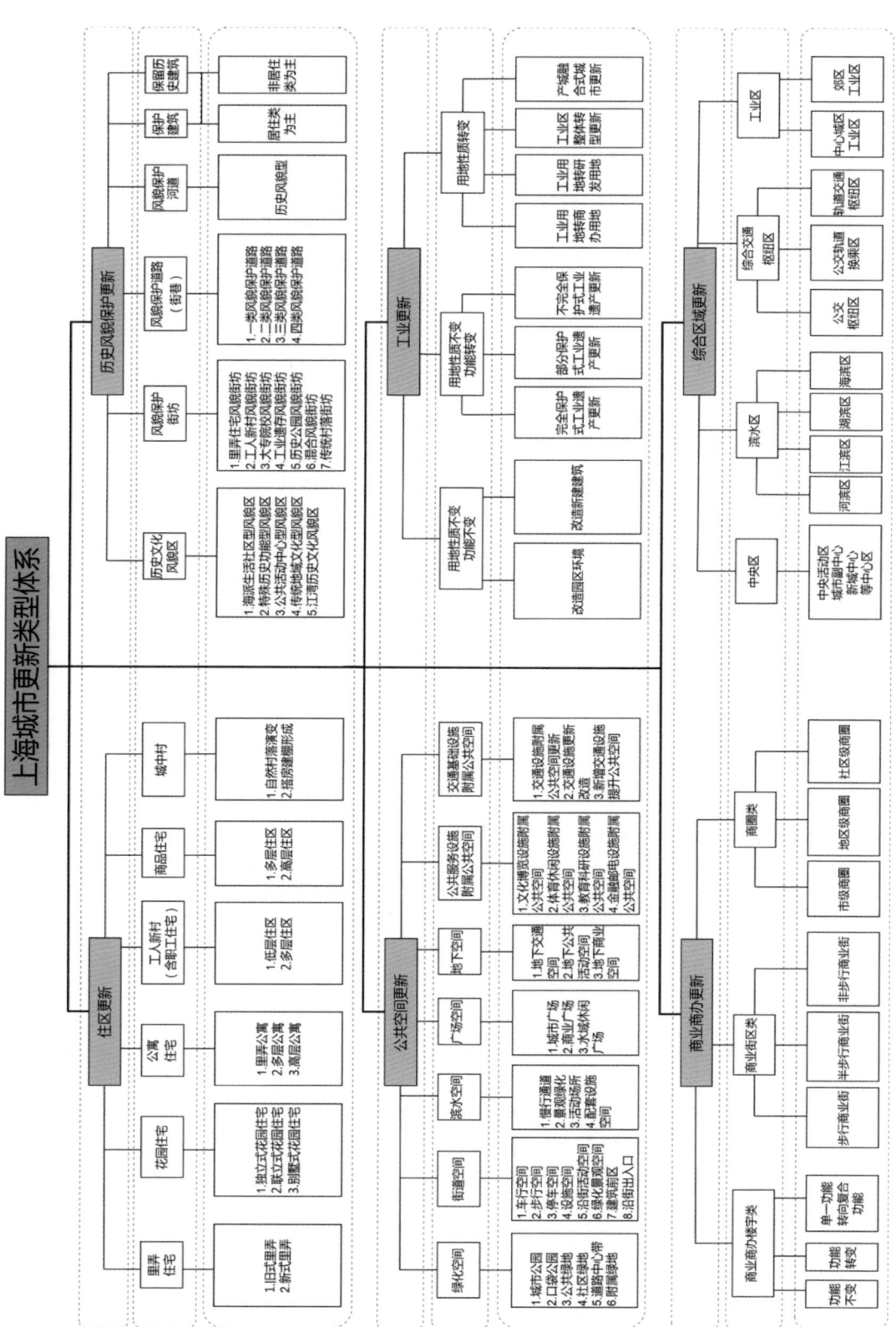

图 4 上海城市更新类型体系

第五章 城市更新与数字化赋能

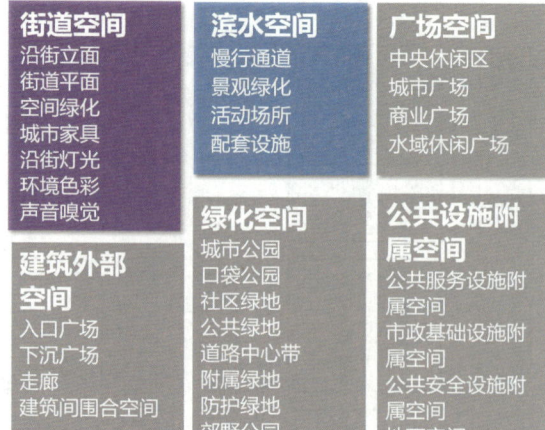

图 5　城市公共空间更新类型

维、递进引导：整区域、分街道、到建筑的导引。分别从宏、中、微观三个层面制定整区域的"一区一则"设计通则，分街道的"一路一册"街道导则及建筑的"一幢一图"建筑街面导则。二是整体思考、问题导向：地毯式、多界面、全方位的研判。对街道各界面现有问题进行全覆盖、全方位的梳理和排摸，梳理街道风貌保护工作的实施情况，明确问题清单及主要难点，为后续治理工作制定相应的任务清单。三是精细思维、要素细化：分类型、全要素、更精细的设计。将街道要素细分，分别对各类各项进行整体及局部的现状研究，逐一判断控制引导方向，从而制定各项各类的总体控制原则及分项控制细则。

其次，要有系统化的街道精细治理。一是专业思维：依托专业化力量、刚性管控与柔性引导结合。二是治理思维：多方共治、社会参与、过程管理。遵循"同一规划、统一实施、协同管理、共同治理"的"四同"机制。三是智慧思维：智能化管理、长效管控动态、提升治理效能。

例如，上海图书馆西门通过图书馆和政府的共同协商将 1.5 m 绿化空间让给了人行道实现社区共治；武康大楼城市地标精细化城市设计将人行道的拓宽 3.6 m，满足了游客的游览需求，并使武康大楼成为上海网红打卡地（图 6）。

总结来说，城市街道微更新的创新思维即人民街道人民建、人民街道为人民，"以人为本"而非"以车为本"；"同一设计"而非"统一设计"；"引导公众"而非"不断整改"。

图6 武康大楼城市地标精细化城市设计

2.2.2 城市滨水空间微更新

城市滨水空间更新旨在创造高质量更新、高精细管理、高品质激活的城市公共空间。我们构建了包含空间、景观、社区、文化、腹地延展、社会治理多个领域的公共空间评价体系，对上海黄浦江、苏州河城市核心段进行了全面的现状调研与评估，提出"一江一河"公共空间品质提升策略。

系统搭建滨水公共空间设施体系，摸排设施管养现状并走访各区、提取经验，构建了"一江一河"全要素设施体系。从管理对象、管理内容、管理方法、资金保障、法律法规等多方面提出设施全要素、精细化、横向到边、纵向到底的管理体系、政策制定与机制保障等治理策略。（图7、图8）。

图 7 原吴淞路闸桥桥墩更新改造为"滨水城市阳台"

图 8 虹口北外滩苏州河滨水空间城市更新

3 对城市更新未来趋势的思考

在新发展时期,城市更新模式与以往相比,无论在更新理念、内涵与目标,还是在更新方式、任务及机制方面,都发生了巨大而深刻的变化。从城市更新研究内容的演化上看,城市更新研究内容逐渐从单一的物质空间研究,向应用型政策研究过渡,最终向综合性机制研究转变;更新理念更加注重整体性、系统性和持续性;更新机制强调政府、市场和社会的共同参与。

城市更新应进行精细城市设计,建设人性化城市空间;塑造街区风貌,提升艺术性文化消费;激活城市活力,打造人民性共享空间。通过创新思维、高质量更新、高精细管理和高品质激活,实施可持续的城市更新模式,践行人民城市理念。

文化元宇宙赋能城市文化创新

解学芳
同济大学人文学院党委书记、教育部长江学者特聘
教授、中国文化产业协会文化元宇宙专委会

本文摘自作者在"传承历史文脉
创建科技新城"论坛上的演讲。

虽然早在 1992 年尼尔·斯蒂芬森在《雪崩》中提出了"元宇宙"概念，但直至 2021 年，元宇宙才成为我国各个领域的一个流行词汇。元宇宙是人工智能、区块链、5G、物联网、虚拟现实等新一代信息技术的集大成者。从元宇宙到文化元宇宙，意味着元宇宙赋能文化领域的过程，对于一个城市得发展而言，文化元宇宙将在整个城市文化的创新发展过程当中起着非常重要的作用。

1 数智时代的文化元宇宙内涵阐释

元宇宙是什么？——虽然元宇宙概念源于西方，但实际上在中国式现代化语境里，是聚焦于如何利用元宇宙赋能数字经济，讲好文化元宇宙的中国故事。简单而言，文化元宇宙可以界定为技术、内容和场景的三维协同与统一。一是技术维度，元宇宙最本质的还是技术的创新，包括人工智能、区块链、虚拟现实技术、数字孪生技术等，元宇宙如同聚合器实现了这些技术的集成并集聚到元宇宙场景搭建的空间里。二是内容维度，内容创新是元宇宙空间的真正内核，元宇宙场景的核心支撑是创意内容，而文化元宇宙是元宇宙赋能城市文化发展空间，文化是其主要素。三是场景维度，文化元宇宙是通过场景进行表征和呈现的，这是元宇宙可见、可用、可及的关键。

2 文化元宇宙赋能城市文化创新

全球元宇宙产业正在加大资源投入和政策支持，新一轮科技革命和产业变革正在向

城市空间中纵深演进。基于我们前期研究构建的城市文化"三生体系",即对于一个城市的发展而言,城市文化生活、城市文化生产、城市文化生态,构成了整个城市文化的"三生体系",我们在此移植到文化元宇宙赋能城市文化空间的理论构建维度,即在文化元宇宙的时代,城市文化走向数字化、智能化、体验化,结合元宇宙的特征来说,数智化时代的城市文化空间将是由数字文化生活、数字文化生产、数字文化生态构成的新型城市文化图景。

其一,从文化元宇宙的理论内涵去理解城市文化空间,涉及文化数字化与文化元宇宙的区别。我们可以采用三个关键词或者用三个空间的概念进行阐释。首先是一个虚拟的文化空间。VR、AR的文化项目与人工智能文化项目,跟元宇宙有什么区别?其实最本质的区别在于其第一个属性,即文化元宇宙打造的是一个虚拟文化空间,打造让用户如临其境的沉浸感,真正的虚实融合。其次是数字化的文化空间,实现数字化的转换。1.0的时代我们考虑的是在线化、网络化,而到了2.0时代我们考虑的是数字化,元宇宙本身实际上是把沉浸式的感觉和数字分身的虚实联动融合到一起。最后才是网络化的文化空间。20世纪90年代开始,以美国为代表开始进入一个网络社会崛起的发展阶段。元宇宙作为互联网技术的延伸,是第三代互联网的应用和呈现。通过这三个空间的区分,可以清楚地了解元宇宙技术创新与城市文化空间的关联。其实对于技术来讲,技术是把城市文化更好地进行从创意、生产、运营全产业链的可视化、数字化呈现。综上所述,元宇宙时代强调打造城市文化的沉浸感,城市文化才是本质和根源。每个不同的城市有其独特的文化DNA,有其特殊的文化精神内核。在技术快速迭代的时代,我们要做的就是如何更好地呈现出来这些内核,打造若干个城市文化呈现的模式。

其二,城市文化空间成为物理文化空间与虚拟文化空间的交互。近些年,城市文化空间+元宇宙的案例日渐增多。例如,福建泉州把非遗文化跟元宇宙结合起来、西安的元宇宙场景的打造以及VR项目的打造、北京故宫VR项目的呈现等,实现了城市文化空间向数字化、体验化和智能化的转向,也赋予我国传统文化新的发展生机,更迎合了Z世代/95后的文化偏好。对于一个城市文化的未来发展而言,元宇宙带来的是未来城市的两个空间,一是现在的物理空间以及物理空间的数字化和文化创新;二是庞大的数字化的虚拟文化空间,这个空间是可以无限延展的。比如现在有很多国外的奢侈品牌不单单是给物理空间的真人设计服装以及各种各样的装饰品,同时也在给元宇宙虚拟空间里的数字人的服装和所穿戴的装饰品进行设计。可以说,虚拟的文化空间和现实的文化空间都是整个城市文化创新的一体两面。当然,文化元宇宙不单单是所谓的虚拟文化空间的呈现，而是虚实的交互与融合。

其三，元宇宙成为讲好城市文化故事的新方式。近年来，我国多个省市利用打造元宇宙场景讲好当地文化故事，各种 AR 展览或是 VR 灯光秀均是元宇宙的一种呈现。特别是红色元宇宙，很多地区开始利用本土红色文化资源打造自己的红色元宇宙。例如，上海的"数字一大"井冈山、红旗渠都在利用元宇宙场景实现红色文化的创新表达。实际上，元宇宙空间和原来传统物理空间的展示相比，最大的区别是让受众沉浸式走进那段红色文化历史，这种身临其境可以更好让 Z 世代 /95 后的年轻人去体验、体会、理解那段革命的历史和文化，达到入脑入心乃至刻骨铭心的效果，从而成为更好地讲好革命文化的新方式与新手段。

其四，元宇宙空间里的数字藏品成为城市文化的创新性表达。近年，数字藏品致力于创新性融入中国传统文化，例如，元宇宙空间的中式建筑既是数字藏品的 2.0 版，也是元宇宙里的建筑空间，但这个建筑空间是一个虚拟空间，相当于在元宇宙世界里带有东方美学的建筑空间，其跟数字藏品发售结合起来，成为数字藏品的新业态和新模式，也是城市文化空间拓展的新方式。

3　元宇宙赋能城市文化新型主体

2022 年 9 月份国家工信部联合五个部门发布了《元宇宙产业创新发展三年行动计划（2023—2025 年）》，提出构建先进元宇宙技术和产业体系等举措，在政策层面为元宇宙赋能城市创新发展指明方向。在此政策提振下，全国各地围绕文旅元宇宙、文博元宇宙、演艺元宇宙等积极打造元宇宙新场景，其实就是在打造城市的第二个空间，实现虚拟数字空间和实体物理空间的联动。例如，张家界星球运用 XR 融合互动技术打造成为沉浸式体验元宇宙万千奇峰景区的平台，使其在城市的地图上站起来、动起来。

元宇宙赋能城市文化发展，带来新型主体，即数字人。我们每个人都可以有自己的数字分身，通过数字分身参与到元宇宙空间的场景里。实际上，数字人已经成为元宇宙空间的标准配置，比如博物馆的专业虚拟员工、虚拟文物工作者，文旅机构的虚拟讲解员，数字教育领域的虚拟教师，传媒领域的虚拟主播、虚拟演员等。也就是说，未来任何领域都有数字人，这些数字人会延伸到整个城市文化空间的任何的一个角落，这是未来城市空间不断延展的重要主体。例如，西安博物馆的数字艺术展，通过数字分身进行十分钟的浏览可以欣赏 61 个藏品。此外，近年的地方春节联欢晚会出现了 AI 技术"复活"已逝明星进行同台演出、异地展演等新业态，是人工智能技术、虚拟现实技术、数字孪生技术等元宇宙核心技术集成的呈现。特别是伴随 AIGC 技术的兴起，为元宇宙场景的搭建和内容呈现提供了更低的成本和更高的效率，这些体现出元宇宙最大的不同就是，任何区块链技术、人工智能技术、虚拟现实技术的进步都会推动元宇宙往前大跃步。例如上海落地了若干个元宇宙场景，如《消失的法老》《风起洛阳》等均成为典型代表。

4 技术与文化的平衡

元宇宙本身是技术的集成，元宇宙积极拥抱每一个新技术，从而更好地赋能城市文化空间的建设。对于每个城市的发展而言，要处理好技术和制度之间的关系。伴随 AI 大模型技术的深度发展，AIGC 生成的照片、音视频等内容的真真假假已经无法区分，因此出现一个新的词汇"深度伪造"。也就是说未来有若干 AIGC 生成的内容，可能会应用到元宇宙空间里，从而带来若干的新型安全问题、侵权问题。这意味着每个城市文化发展的背后要在制度层面有传承和保护，特别是对于这种新技术应用在城市文化的两个空间中，要考虑文化安全问题，实现技术与文化之间的平衡。

纵观技术发展史和文化发展史，有着高度重叠和相似的发展规律。对于城市文化创新而言，新技术给每个城市带来不同的文化 DNA 的呈现，即每个区域都有其独特的文化脉络和文化基因。我们使用技术是为了更好地去唤醒这个城市文化的 DNA，而不是去破坏，是为了更好地去强化、去记忆，形成所谓的城市数字文化的基因。因此，一方面，在数字化、智能化时代，对于元宇宙赋能城市文化发展而言，要立足共享、共创、共建、共治理念；另一方面，要处理好城市文化发展过程中的"留白"和"留旧"的关系。我们为什么要对建筑、对非遗文化进行保护和传承，是为了"留旧"；在虚拟城市文化空间中的"留白"需要实现创意 + 共生，即"留白"与"留旧"是要实现一种新旧文化的共生共荣，而不是一种替代和破坏。此外，不管元宇宙与 AIGC 技术如何发展和迭代，最终落脚点是更好地服务整个城市文化的可持续创新发展，让城市中的每个人获得更美好的文化生活，即以人为本一直是城市文化发展中处理技术与文化关系的内在基准。

城市信息模型的治理实践

杨 滔
清华大学建筑学院副教授

> 本文摘自作者在"数字之城，智慧之光"论坛上的演讲。

在 21 世纪，全球化、本地化、数字化和特征化混合在一起，为城市化创造了更为丰富场景，因此城市正在成为不同规模的物理实体和虚拟空间的混合物，支撑不同活动和事件组之间的实时动态连通。2017 年，雄安新区作为国家城镇化试点，提出了数字孪生城市的概念，旨在探索促进生态文明下城市发展的新机制。雄安新区总体规划旨在建立数字城市与实体城市同步规划和同步建设，这是中国数字孪生城市的基本理念。

在此背景下，城市信息模型（CIM）平台的提出，支持了雄安新区数字孪生城市的建设，以促进城市治理体系能力的现代化提升。根据中国住房和城乡建设部发布的《城市信息模（CIM）基础平台建设的指导意见》，CIM 平台被定义为：基于建筑信息模型（BIM）、地理信息系统（GIS）、物联网（IoT）的融合技术，建构三维数字空间的城市信息及其交互的综合体，其中包括地上和地下、室内和室外、现状和未来的时空数据；基于此，这将推动和优化城市规划、设计、建设、治理和管理的全生命周期过程。CIM 平台提供数据挖掘与分析可视化、专业模型仿真与管理评估等基础功能，以及支撑城市建设与运营的智能服务。

为了在中国建立数字孪生城市，CIM 的思想得到了广泛的讨论，自 2018 年以来，住房和城乡建设部已经公布了几个试点案例。他们是雄安新区、北京城市副中心、广州、厦门、南京。2020 年，住房和城乡建设部会同其他部委发布了新型城市基础设施的概念，其中 CIM 被视为支持智能民用基础设施、智慧城市和智能车联网、城市安全和韧性、智能建筑和建筑工业化、城市综合管理及智慧社区的基础平台。因此，住房和城乡建设部指派了更多的试点案件。此后，国务院发布了新业务新模式的新消费指导意见，其中 CIM 也被视为促进新经济发展的新工具之一，重点关注城市数字化。当 CIM 的概念被纳入中国"十四五"发展规划时，它表明 CIM 作为数字孪生城市的操作系统，已成为中国政府提出的旨在在不久的将来实现碳中和的新一轮绿色城市化的关键动力之一。

中国的 CIM 有其自己的愿景，可以分为三个部分。

一是为市民、部门和行业提供一种新的空间共享方式。在规划、建设和治理的全生命周期中，所有利益相关者可以共享所有空间。例如，在雄安试点项目中，知识图谱生成的每个带有语义地址的空间都有一个 ID。所有信息，无论是人口还是经济交易，都可以标记为与该空间相关。在该空间内发生的所有事件和活动都可以记录，可以发送给他人共享。

二是强化以自下而上为重点的空间治理方式。CIM 可以用于观察房间和街道上发生的精细项目或活动。例如，可以实时检测火灾报警器的故障、社区诊所的服务和／或街道上的促销活动，然后同时发送给可以处理这些问题的人。因此，可以汇总本地化信息，以帮助政府和利益相关者以更准确的方式应对和解决更为整体的问题，以此维持和推进中国以人为本的城市治理。

三是探索增加空间增值的新方法。过去 30 年，中国的城市化是由土地经济驱动的，因为所有城市每年都可以获得新增土地进行开发。不过，现在中国政府提出了绿色发展和碳中和战略目前。因此，对于大多数城市来说，他们不再拥有大片的新增土地。城市必须在现有的发展边界内发展、再开发或城市更新。数字化空间提供了新的交易和交流场所；同时，这些数字数据也许超越城市的物质边界。因此，这些数字数据可以通过 CIM 转化为新的数字资产，甚至数字资本，以应对更整体化的网络。本质上，CIM 将成为促进数字经济的城市化的新动力。

就雄安新区的发展而言，数字孪生城市建设是其重点目标之一。这包括三个方面。一是数字化智能基础设施建设，旨在支撑全城未来发展的数字化。二是建立无处不在的智能环境。由此，物理城市中的公共空间或室内空间充满了无处不在的智能传感器和服务，维持了居民与机器／建筑环境之间的各种便捷接口。三是实现数字资产交易、数字资产管理和数字经济创新理念。这旨在成为中国内陆城镇化的新动力，并拥抱新城市形态的诞生。在此背景下，本部分重点介绍如何构建 CIM，以及如何将 CIM 用于城市规划、建筑设计、施工和治理的行政过程，以及揭示 CIM 与城市治理之间的关系。

雄安 CIM 平台有一个重点任务，以及四个突破。重点任务是创新数字城市和实体城市之间协同。基本的互动元素是在雄安生活和工作的人们所感知、感受和试点的空间。这些空间可被人们占据，重新思考雄安如何成长，试图在规划、设计和施工中寻找规律，体现它是如何发展的，找到数字世界中记录的数字模式，并展示人们如何以数字方式交流互动。CIM 平台原型从现状开始，从总体规划、控制性详细规划、设计和施工到竣工。当建筑信息模型竣工时，它将被分解成给排水系统、机电系统和其他涉及不同学科的系统，并且每个系统将与物联网或传感器系统集成。然后，它们将被重组成一个新的智能现状系统，可以对其进行评估，以探索雄安如何工作或运作。这将优化城市治理的效率。

围绕空间协同这一重点任务，CIM 平台也有四大突破。

一是时间。如上所述，该平台记录了雄安新区现状、规划、设计、建设、运营和竣工六个阶段。这样，雄安的数字化就可以沿着城市管理和治理的时间轴来实现。

二是算法。它旨在整合可能从建筑信息模型、地理信息系统、各种传感器、社会经济普查以及行政许可产生的所有文件中收集的数据。所有这些数据都是使用不同的算法精心挖掘，数据之间的空间与时间联系会自动标记。

三是空间。所有元素都位于特定空间内。但是，在每个学科和行业中，例如建筑施工或交通管理，每个空间都有不同的规则。在现实世界中，这些不同的规则帮助我们实际建造建筑物或运营交通系统。在数字世界中，所有这些规则需要连接在一起，以便智能地支撑城市建设和运营的各种场景。例如，如果我们从建筑物内的火灾中疏散人员，我们应该通知建筑物内的人，同时联系医院安排救护车，安排消防员在正确的时间出现在正确的地点和房间，甚至建议交通管制部门阻止进入建筑物。因此，所有信息都应该根据他们应该所在的空间，发送给每个相关部门和/或个人，同时这个过程是由人类建立的基础规则驱动的。当这些社会规则嵌入到数字世界中时，它将帮助我们解决城市中的问题或优化城市治理。

四是分享。上面的消防疏散示例也是共享的一个例子。共享疏散知识实际上意味着创建一种疏散人员的协作方式。所有程序都可以对相关利益相关者透明，同时所有必要的要素都可以由不同的利益相关者或市场协作提供。这为创建运营和评估建筑物、街区、社区和城市的新机制提供了一种新方法。

CIM 雄安项目包括三个交付，即数字平台，创新政策和数据标准。数字平台寻求从现有和运营、综合规划、规律规划、设计、建设和竣工六个阶段收集所有数据，至少为雄安提供了一个数字城这座城市。然后，该平台提供搜索工具，以探索平台本身计算和模拟的所有信息，并提供交互式工具以协助用户和决策者操作真实城市。最终，该平台基于区块链技术，将推进交易数据的应用，以探索数字世界中更多创新的冲浪方式。

然而，这个数字平台需要得到规划、建设和管理行政部门的创新政策的支持。通过它，平台生成的所有信息都可以方便地联系各个部门和相关行业。例如，中国的建筑师并没有完全参与施工过程，但雄安的创新政策为建筑师提供了机会，通过数字平台充分参与施工过程甚至建筑物的运营，并制定了新的规则。规划和施工许可的创新为建筑企业提供了参与从规划到运营的全生命周期管理的机会。数字平台和创新政策离不开数据标准的支撑。对于雄安项目，跨越 17 个行业、14 个学科制定的数据标准，覆盖了城市建设和运营的全生命周期，并根据城市治理场景和数字建模方法精细设置。

城市建设和运营的逻辑被纳入雄安的 CIM。对于城市建设，所有规则都以数字方式分配给从规划和设计到施工的各个阶段。在整个城市层面，创新、韧性、幸福、宜居、绿色等发展目标已设定为每个空间单元相对应，或许以监管规划单元的形式出现。然而，CIM 首先探讨将这些目标映射到各种专业单元，例如功能单元，绿色基础设施单元，形态单元，能源单元或生态单元，所有这些单元都配备了不同的规则，具有不同的规模。然后，将各种性能目标分解在不同的单元上，并在每个地块上实施，因此构成了几何和数据分析，对应于形态和指标评估。最后，分配这些指标或规则，然后在建筑物和设施组件的级别上实施。通过这种方式，目标发展目标可以在从规划到设计、施工和竣工评估的连续阶段分解。

对于城市运营来说，这种逻辑是相反的。从建筑构件到地块，到各种专业单位，最后到雄安整体，对城市运行的活数据进行层层采集和计算，用于评价城市总体目标是否实现。因此，这构成了规划、建设、监测和调整的闭环。

这种新的规划和建设逻辑是由基础数学、统计学、地理分析、大数据挖掘和智能算法等各种模型驱动和促进的。同时，CIM 不仅包括区域经济模型、人口模型、交通评价模型等专业模型，还包括城市增长边界模型等更全面的城市模型。当然，CIM 平台不能忽视专家团队的作用，并及时提供了在机器和专家团队之间创建深度交互的工具。通过它，所有模型都由专业人士和利益相关者进行了优化和迭代。

在处理这些模型时，设计每个空间和每个周期的阈值，以判断规划和设计目标是否在正确的地点和正确的时间实现。如果阈值被打破，CIM 可以自动对要评估的不同变量进行比较。例如，公共服务设施与人口是否匹配，实际人口增量是否超过公共服务设施配置，以及 / 或服务绩效能力是否需要提高。在评价过程中，将提出新的调整计划并相互比较。它不仅是方案的优缺点比较，而且是影响评估。例如，对于某个地块，当一个地块的能量供应增加时，该地块周围的城市热岛效应是否会改变？在优化过程中，设置了不同的决策模式，包括战术调整、设施调整和规划调整。例如，在交通领域，红绿信号灯的变化是战术性的，停车场的变化是设施调整，综合交通规划系统的修改是规划调整。从这个意义上说，这就构建了一个预警、评估、方案对比和优化的闭环。

所有的分析，甚至我们对未来的推论和判断，都依赖于数据。随着我们进入未来，物联网感知实时数据尤为重要。通过物联网的无缝覆盖，有效收集自然环境、社会环境、行为模式等数据，通过数据管理描绘城市的未来图景。这是一种数字化监测城市发展绩效的新方法。

此外，还存在设计施工的指标标准，如容积率、线粘率等，可视为城市作为一个实体的内在建设基因。那么，"实体"构建基因与"虚拟"运营绩效之间是否存在相关性呢？机器学习可以帮助我们揭示潜在的因素。例如，一个表现良好的科学园区，如街道活力、人均专利、能耗等，取决于土地混合程度、绿化程度、路网可达性、房租指数、咖啡店密度等支撑。在建立运营绩效与施工基因的关联后，可以应用于设计施工的公开公共法规，帮助普通民众更方便、更合理地参与城市建设或城市运营管理，进而在市民、专家和政府之间建立良好的沟通互动渠道。

总体来看，雄安 CIM 本质上是以建立全生命周期、全时空、全要素、全过程的数字信息系统为基础，其核心是优化时空资源配置，特别是从时间维度重新审视空间资源配置，建立实时协同反馈的规划治理模型。

在 CIM 的基础上，可以建立数字孪生城市，使人们可以更轻松地沉浸在数字世界中，并以更顺畅的方式在数字世界和物理世界之间导航。然后，它生成数字孪生城市的生态。这将在不久的将来促进数字化转型。一些创意产业，如数字电影、媒体、广告和数字金融，将使用数字孪生进行优化。这是基于建立明确定义的数据资产的数据资本中心，这可以通过数字化的城市治理来完成。这将由数据节点和未来绑定的数据支持。所有这些都将得到数字政府以及前沿技术研究的支持。我们认为基础研究是最重要的，各个行业的创新也是帮助我们产生数字世界生态的关键。

总之，我们认为数字孪生城市不仅仅是真实城市的虚拟拷贝，而是基于大数据或实时数据的发展。随着数字技术的发展，它的能力得到加强，成为一个拥有人类物理环境、社会活动和集体思想的无限领域。数字孪生城市将演变成联觉城市，发展实体城市的灵魂。数字技术赋予物理现实以前所未有的方式增强人类对城市的感知和认知。数字化城市和市民将创造新的传感方法。未来城市的变革将在世界各地掀起，城市的发展将加速。

北京城市更新的规划战略与策略

石晓冬
北京市规划和自然资源委员会总规划师，北京市城市规划设计研究院院长

本文摘自作者在"2023 全球城市论坛"上的演讲。

习近平总书记深刻指出，正确运用战略与策略，是我们党创造辉煌历史、成就千秋伟业、战胜各种风险挑战，不断从胜利走向胜利的成功秘诀。我国城镇化已经稳步推进到下半程，为推动城市高质量发展，把握城市更新的规划战略和策略的重要性毋庸置疑。

从事规划工作几十年，我也在思考规划的本质，与质疑规划科学性的声音不同，我将规划理解为社会、经济、政治和文化投射在空间上的公共政策。这个公共政策的生命力取决于对人们的生存权利和生活质量的影响程度，高品质的地方就是高品质的影响，低效的地方是低效的影响。城市更新作为城市规划的一种类型，更是一种系统化的政策表达。城市更新不是打破一个旧世界，建立一个新世界，而是在既有的世界上改造和提升，将对经济和空间、权利和责任、公共利益和个体利益产生连接。同时城市更新又是综合性的，涉及规划设计环境、地方名城保护、生态修复，甚至安全等方面的问题，既要服务于当前人居环境的提升、经济的发展、商业消费的活力，又要满足未来的需求。国内很多城市定位为国际一流、全球中心城市，但也面临许多历史遗留问题，因此需要通过城市更新工作进行衔接。

做好城市更新系统工作，解决贯穿历史、现在、未来的诸多难题需要"三面一体"的支撑，分别是明确的目标、科学的发展以及有力的组织。只有目标明确，才能统一多元意愿。北京、上海的相关政策都在不断完善，出台了大量的政策机制、行动计划等，明确了项目确定机制、政策支持内容和主体统筹能力，推动了行动计划行动方案落地。

实施城市更新行动是落实高质量发展的有效手段，科学的发展要践行"人民城市"的重要理念，利用城市更新弘扬城市的精神品格，提升城市的能级，创造高品质的生活，传承历史文脉，提高城市竞争力，增强城市软实力。城市更新也需要相应的社会组织，无论是从经济上、制度上还是全民的认知上，需要有相应的能力，比如设计的能力、政策的能力、主体运营能力以及金融保障能力等。

党的十八大以来，北京发生了历史性变化，总结来说有三大转变。作为全国政治中心，北京聚集了大量的国家机关，第一个转变就是从超大城市转向了首都发展，要保障首都功能发展。第二个转变是从单一城市转向城市群、都市圈协同发展。第三个转变是从管理转向了重大的治理。通过疏解非首都功能，在城市的外围地区优化地配置资源，谋求高质量的发展方式，解决超大城市的城市病问题。

在这个背景下有两条主线，首先北京强调"四个中心"首都功能。北京的城市总体定位是全国的政治中心和文化中心、科技创新中心和国际交往中心。所有城市功能，包括管理服务功能、为人民服务功能都是需要围绕强化这"四个中心"功能开展，需要进行功能性更新。第二条主线是推动民生保障、环境改善、经济发展、消费提升为导向的社会性更新，这需要社会各个群体共同参与，针对居住空间、生产空间和公共空间进行改造。

在这个背景下，北京的城市更新明确了工作思路。北京的城市更新是以存量为背景，以街区为单元，以存量建筑为主体，以功能环境的提升为导向，采用的是小规模、渐进式、微利可持续的方式，以功能完善、提质增效、民生改善为目标，严控大拆大建的城市更新。

从规划总体架构的视角来看，城市更新需要建立体系，明确工作的目标和方向。因此，北京城市更新工作构建了"空间－方法－组织－动力－实施"五维体系。空间体系以空间为载体，围绕着城市空间不同的职能、定位、特点和要求来开展，具有差异化的特点；方法体系是通过这些年的实践慢慢地摸索，建构出区别于之前大拆大建的工作方式；组织体系包括多元共治、党建引领、基层参与等多方面，核心是共同组织，发挥区县街道乡镇、银行企业等多方社会力量；动力体系是推动改造的引擎，由大量的制度、标准、政策构成；实施体系是为了建立长效机制，保证长远更新效果。

空间体系中，城市更新强调以人民为中心，这点京沪双城是相同的。北京全市的城市建设总量为17亿 m^2，其中，存量已经达到了10亿 m^2，城市更新主要工作是针对存量的改造提升，并结合增量来开展，任务艰巨。

方法体系中，城市更新突出街区统筹。全市划定了1 300多个街区，其中更新类街区有178个，明确中心街区六类主导的方向，分别定制技术手段和政策工具，通过实践总结方法。从北京回龙观、天通苑地区街区更新，这个全过程陪伴、滚动更新街区案例，提炼出了"四步走、八清单"的工作模式。第一步是通过国土空间规划城市体检评估找问题，形成问题清单和资源清单；第二步是多元协商问需求，总结了"开车不堵、地铁不挤、雨天不淹、办事不等、就近有就业、有地儿下棋聊天、有地儿跑步遛弯、有地儿停车"等居民需求愿景，形成需求清单和愿景清单；第三步是整体策划配政策，形成策略清单和政策清单；第四步是制定计划推行动，形成任务清单和项目清单。并针对存量地区的特点，提出公服增补、交通改善、基础保障、品质提升、职住优化、精治共治等6大实施策略和36个实施要点。

组织体系中，要加强多元共治。一是要坚持政府引导，以政府投入公共空间、轨道交通建设重大项目为契机，撬动多元参与。二是强化市场主体，鼓励市场化的方式来带动存量资产。三是要鼓励居民的参与，真实了解居民的"急难愁盼"。例如望京小街原本是一条城市支路，停满了机动车，政府通过更新，把这条支路改造成为一个步行商业街，利用城市公共资源，引入社会资本，打造形成了一个小的网红打卡地。

动力体系中，非常重要的是创新政策机制。北京形成了"1+N+X"城市更新政策体系，其中，"1"是全市层面的顶层设计文件，包括城市更新条例、专项规划、指导意见，行动计划等；"N"是分类引导政策，包括针对核心区平房（院落）、老旧小区、老旧厂房、老旧楼宇、低效产业园区、公共空间、基础设施等各类更新对象的分类引导政策；"X"是针对更新中的瓶颈问题出台的"小切口"政策文件和标准规范，包括推进规划、土地、金融、财税、建设、运营、管理、审批等方面的城市更新激励政策的制定，重在打通城市更新实施堵点。

实施体系中，要明确实施主体的权益，保障主体的收益。在明确主体的上面，除了国有资产，还有央产，还有军产，以及其他的类型需要重点关注。确定主体权益是整个更新行动的基础。主体权益有时是清晰的，有时是不清晰的，《北京市城市更新条例》中提出了公共安全底线，在产权很复杂的情况下，需要区政府承担相应的主体权益。

其次，要求主体参与有收益，除了社会效益、文化效益、环境效益，还有经济效益。明确物业可以通过和市场的其他主体进行合作的方式，确定一个新的主体，通过合伙、入股组建新的场景，赋予参与社会主体相应的权利。在这个过程中不可避免有一些政策要突破，比如五年过渡期政策指出，在符合规划且不改变用地主体的条件下，更新项目发展国家及本市支持的新产业、新业态的，由相关行业主管部门提供证明文件，可享受按原用途、原权利类型使用土地的过渡期政策。过渡期 5 年期满或转让需办理用地手续的，可按新用途、新权利类型，以协议方式办理用地手续。土地使用权续期政策通过延长土地使用年限，综合确定土地价格，允许用地先租后让，利用租金分期按年支付的方式，降低了企业前期投入成本。用地功能混合政策为全类型统筹用地功能、地块使用性质兼容、存量建筑依法合规转换用途等方面提供明确支持方向。

另外，城市更新的过程中经常受到消防、绿化等规范要求制约，可以通过优化微调规划审批流程来缓解，比如消防设计中可以采用不低于现状等措施进行性能化的改造，去解决更新当中不能满足新的消防规范的情况。

以上都是北京前一阶段在体系设计上、政策上的一些考虑和措施。总之，城市更新工作任重而道远，需要持续努力、久久为功，也希望以后有更多的机会学习上海城市更新宝贵经验，请大家批评指正，谢谢！

附 录 2023年"世界城市日"主题活动、系列活动

序号	时间	活动名称	主题	地点	主办单位	标识
1	6月7日	第二届联合国人居署大会：世界城市日专题边会&"世界城市日设立十周年"主题展	打造合作共享平台，促进城市可持续发展	肯尼亚内罗毕联合国人类住区规划署总部	中华人民共和国住房和城乡建设部、上海市人民政府、联合国人居署	系列活动（海外）
2	4月11日	"世界城市日进校园活动"上海对外经贸大学	共同助力城市可持续发展	上海市松江区文翔路1900号上海对外经贸大学图书馆思源报告厅	上海世界城市日事务协调中心、上海对外经贸大学国际商务外语学院	系列活动
3	5月26日	"世界城市日进校园"山东大学	展示多元城市魅力，共创绿色持续发展	山东大学中心校区逸夫信息楼/线上腾讯会议	山东大学学生就业创业指导中心、山东大学外国语学院、上海世界城市日事务协调中心	系列活动
4	6月16日	"世界城市日进校园"复旦大学师生主题研讨活动暨"都市人类学"社会拓展课	—	上海市黄浦区九江路137号九江大楼9楼	上海世界城市日事务协调中心、复旦大学社会发展与公共政策学院人类学民族学研究所	系列活动
5	6月22日	"世界城市日·万里"比邻生活节开幕式暨万里十五分钟社区生活圈定向赛活动	城市桃源，活力无限	进华中学体育中心	上海世界城市日事务协调中心、普陀区体育局、普陀区万里街道办事处	系列活动
6	7月11日	"可持续和具有复原力的城市旅游"——"城事·业谈"文旅专场沙龙	可持续和具有复原力的城市旅游	上海浦东老船厂1862品牌馆1楼（Pedra Alta法贝纳）	东浩兰生会展集团上海现代国际展览有限公司	系列活动
7	8月6日	"乡土建筑传习营—歙县站"系列活动	传承匠作体系，赓续文化生态	安徽省黄山市歙县坑口乡金滩村	中国文物保护基金会乡土建筑保护与发展专项基金管理委员会	系列活动
8	10月20日	"长三角·地热资源有序开发利用"论坛	长三角·地热资源有序开发利用	上海科学会堂	上海市地质学会、中国地球物理学会地热专业委员会、江苏省地质学会、浙江省地质学会、安徽省地质学会	系列活动
9	10月25日	2023"双河论坛"——苏州河相约塞纳河城市管理精细化对话	滨水、街区与社区的精细化软环境提升赋能城市更新与产业复兴	上海市黄浦区外滩历史纪念馆	黄浦区加强城市管理精细化工作领导小组办公室、黄浦区地区工作办公室、黄浦区外滩街道办事处	主场活动
10	10月25日	2023石库门城市更新论坛暨《石库门城市更新经典实例画册》编写启动发布会	—	今潮8弄	上海全球城市研究院、上海世界城市日事务协调中心、上海淀山湖论坛发展促进中心、民建上海市委人口资源环境委员会	系列活动

（续表）

序号	时间	活动名称	主题	地点	主办单位	标识
11	10月28日	全球可持续发展城市奖（上海奖）颁奖活动暨2023年世界城市日中国主场活动开幕式	汇聚资源，共建可持续的城市未来（Financing Sustainable Future for All）	世界会客厅	中华人民共和国住房和城乡建设部、上海市人民政府、联合国人居署	主场活动
12	10月29日	"传承历史文脉，创建科技新城"论坛	传承历史文脉 创建科技新城	九棵树（上海）未来艺术中心	上海市住房和城乡建设管理委员会、上海市科学技术委员会、上海文化和旅游局、上海市奉贤区人民政府	主场活动
13	10月29日	2023全球城市论坛	未来城市·多元融资	大零号湾会议中心	上海市人民政府发展研究中心、上海市住房和城乡建设管理委员会、上海交通大学、联合国人居署、世界银行、上海市闵行区人民政府	主场活动
14	10月29日	2023年世界城市日"城市环境"主题论坛暨第四届上海国际城市家具高峰论坛	提升城市环境品质，建设生态韧性之都	东华大学	上海市住房和城乡建设管理委员会、上海市城市管理精细化工作推进领导小组办公室、上海市生态环境局、中国标准化协会、东华大学	主场活动
15	10月30日	社会治理创新与可持续发展全球城市论坛	—	上海市跨国采购会展中心	同济大学、市住房城乡建设管理委、普陀区政府	主场活动
16	10月30日	绿色发展与可持续发展融资论坛	绿色发展和可持续发展投融资	上海国际会议中心	上海市住房和城乡建设管理委员会、上海文化广播影视集团	主场活动
17	10月29日	2023"上海–东京"中日城市管理精细化研讨会	匠心雕琢，品质焕新	九棵树（上海）未来艺术中心	上海市住房和城乡建设管理委员会、上海市奉贤区人民政府	主场活动
18	10月29日	2023城市高质量发展市长论坛暨市长培训40周年活动	—	世界会客厅	建筑节能与科技司、全国市长研修学院（住房和城乡建设部干部学院）、中国市长协会	主场活动
19	10月29日	"可持续交通与城市的未来"专题论坛	智慧 低碳 韧性 共享	上海浦东美术馆	中国公路学会、中国科协联合国咨商交通与可持续的基础设施专业委员会	主场活动
20	10月29日	城市环境安全韧性与人文关怀建设发展论坛	—	中国城市规划设计研究院上海分院	中国城市规划设计研究院、加拿大林创中国（FII CHINA）	主场活动
21	10月30日	2023国际城市与建设产业论坛	城市未来·产业机遇	上海大厦	中国国际贸易促进委员会建设行业分会、上海市住房和城乡建设管理委员会	主场活动

（续表）

序号	时间	活动名称	主题	地点	主办单位	标识
22	10月29日	市政环境治理与水环境可持续发展论坛	—	上海世博中心	住房和城乡建设部科技与产业化发展中心、中新天津生态城管委会、中国建设科技集团股份有限公司、新加坡公用事业局	主场活动
23	10月29日	建筑绿色低碳技术国际论坛	共谋绿色发展 共创低碳未来	上海世博中心	住房和城乡建设部标准定额司、国家建筑绿色低碳技术创新中心	主场活动
24	10月29日	中国城市高质量发展论坛	可持续的住房与社区	上海世博中心	中国建设报社	主场活动
25	10月29日	"数字之城，智慧之光"论坛	—	上海世博中心	住房和城乡建设部信息中心、联合国人居署亚太办事处、上海市住房和城乡建设管理委员会	主场活动
26	10月30日	科技赋能好房建设，助力城市持续发展论坛	科技赋能好房建设，助力城市持续发展	上海世博中心	住房和城乡建设部科技与产业化发展中心	主场活动
27	10月30日	2023住房租赁专题论坛：共享可持续未来——住房租赁高质量发展之路	共享可持续城市未来——住房租赁高质量发展之路	上海世博中心	中国房地产估价师与房地产经纪人学会、浙江工业大学	主场活动
28	10月30日	第二届上海—埃斯波市可持续发展专题论坛	通过联合国2030年可持续发展议程，推动城市间可持续发展合作	上海社会科学院	上海社会科学院城市与人口发展研究所、埃斯波市外事办公室	主场活动
29	10月28日	第三届城市可持续发展大会系列活动："可持续发展目标城市中心及实践"专题会议	可持续发展目标城市中心及实践	同济大学	联合国人居署、同济大学	主场活动
30	10月29日	第三届城市可持续发展大会系列活动：技术研讨会——可持续发展目标城市深入探讨	可持续发展目标城市深入探讨	同济大学	联合国人居署、同济大学	主场活动
31	10月29日	第三届城市可持续发展大会系列活动：上海指数国际专家专题研讨会	—	同济大学	联合国人居署、同济大学、上海世界城市日事务协调中心	主场活动
32	10月29日	第三届城市可持续发展大会系列活动："后疫情时代城市可持续发展目标的国际合作"研讨会	后疫情时代城市可持续发展目标的国际合作	同济大学	可持续发展大数据国际研究中心、中国科协联合国咨商工作灾害风险综合研究专业委员会、联合国人居署、同济大学	主场活动
33	10月29日	第三届城市可持续发展大会系列活动：城市金融研讨会——迈向地方金融框架	迈向地方金融框架	同济大学	联合国人居署、同济大学	主场活动

（续表）

序号	时间	活动名称	主题	地点	主办单位	标识
34	10月30日—11月1日	2023上海国际城市与建筑博览会	绿色低碳城市，智慧转型发展	上海世博展览馆	联合国人居署、上海市住房和城乡建设管理委员会	主场活动
35	10月31日	2023年世界城市日全球主场活动	汇聚资源，共建可持续的城市未来	土耳其伊斯坦布尔于斯屈达尔市	联合国人居署、土耳其伊斯坦布尔于斯屈达尔市政府	主场活动
36	11月22日	中国上海2023"世界城市日"社区财经素养论坛	汇聚财经力量，共创美好社区	上海市徐汇区业余大学	上海市徐汇区业余大学（上海市徐汇区社区学院）、德国黑森州中国合作促进中心合作伙伴办公室	系列活动
37	11月30日	康养结合、医防融合——中国上海2023"世界城市日"老年康复协作交流会	康养结合，医防融合	徐汇滨江党群服务中心	上海市徐汇区斜土街道社区卫生服务中心、德国黑森州中国合作促进中心合作伙伴办公室	系列活动
38	12月20—22日	第十届国际地下空间开发大会	地下空间——城市发展新未来	上海宝隆宾馆	同济大学、深圳大学、上海市土木工程学会、中国土木工程学会市政工程分会	系列活动

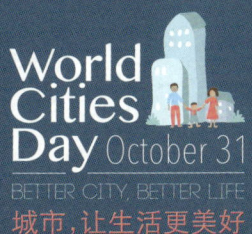

Scanning the Theme Film of World Cities Day 2023

SELECTED SPEECHES OF 2023 WORLD CITIES DAY EVENTS

Compiled by
Shanghai Municipal Commission of Housing, Urban-Rural Development and Management
Shanghai Coordination Center of World Cities Day
The Service Affairs Center of Science and Technology Committee of Shanghai Municipal commission of Housing, Urban-Rural Development and Management

 Shanghai Scientific & Technical Publishers

COMPLILATION COMMITTEE

Director
Hu Guangjie

Deputy Directors (Sort by Last Name)
Ma Ren, Wang Zhen, Liu Qianwei, Zhang Yonggang, Zhang Zheng, Jin Chen, Zhou Guoping, Jiang Sixian, Xu Zhihu, Gao Shiyun, Dong Hongming, Pei Xiao

Consultants (Sort by Last Name)
Qi Yan, Li Liping, Gu Weihua, Cui Minghua

Members (Sort by Last Name)
Yu Jing, Wang Dan, Ye Guoqiang, Bai Zhengsheng, Wu Jiannan, Shen Lidan, Song Weifeng, Zhang Yinjiang, Zhang Lufa, Chen Hanbo, Zhao Xinming, Cao Jiaming, Sheng Xianghong, Jiang Yinghong, Zeng Deshun, Xie Xiongyao, Bao Shidu, Yan Hua

Editorial Department (Sort by Last Name)
Editors-in-Chief
Cheng Jian, Xu Qian, Gao Hongyu, Peng Bo, Guan Wei

Associate Editors
Ding Jian, Sun Lin, Li Min, Gong Ying

Editors
Wang Yimeng, Wang Chanya, Tian Zichao, Si Zhirong, Li Jiaqiu, Li Xiaoya, Li Xiaoyin, Li Juan, Zhang Jun, Yu Shanchuan, Mao Xuncheng, Fan Yuanyuan, Zhou Qiwen, Zhou Lu, Shi Yaoyao, Nie Min, Xu Jiayu, Weng Shisi, Chang Yu, Cheng Ning

Preface I

António Guterres
United Nations Secretary-General

(Message for the Global Observance of World Cities Day 2023)

World Cities Day is a time to consider the pivotal role cities play in sustainable development.

Cities are engines of economic growth and innovation that hold the key to achieving the 2030 Agenda and the Sustainable Development Goals. They are also on the frontlines of today's complex challenges, from the climate crisis to growing inequalities and political polarization.

But local authorities are struggling with limited support and resources, while demand for infrastructure, affordable housing, efficient transport, and social services is immense and growing. This year's theme, Financing Sustainable Urban Development, is a call to action.

Governments, international organizations, the private sector, and civil society, must work together to mobilize finance for resilient, sustainable cities. I am a strong advocate for equitable financing solutions at the global level. These must be used, together with innovative and diverse funding sources, to strengthen local financing strategies that are climate-friendly, inclusive and equitable.

The Advisory Group on Local and Regional Governments I established recently will strengthen coordination to implement the SDGs, and make sure the voices of cities and regions are heard as we prepare for the Summit of the Future next year.

As we mark World Cities Day, let's resolve to work together for urban areas that are not only engines of growth, but beacons of sustainability, resilience, and prosperity for all.

Preface II

Maimunah Mohd Sharif
Then Executive Director of United Nations Human Settlements Programme (UN-HABITAT)

[Remark on the Awarding Ceremony of the Global Award for Sustainable Development in Cities (Shanghai Award) and Opening Ceremony of 2023 China Observance of World Cities Day]

I am deeply honoured to be here in Shanghai with you today to celebrate the 2023 National Observance of World Cities Day and to witness the launching of the Global Awards for Sustainable Development in Cities (Shanghai Award). Congratulations to the first cycle of winning cities.

This year marks the 10th anniversary of the General Assembly's resolution on World Cities Day. To be in the birthplace of World Cities Day here in Shanghai is very significant for me. I would like to express my appreciation to the Government of China, the Ministry of Housing and Urban-Rural Development and Shanghai Municipal People's Government for their commitment to advance international cooperation, and support sustainable urban development nationally and around the world.

This year's theme for World Cities Day is "Financing sustainable urban future for all". It is very timely as many cities are still recovering from negative economic impacts of the Covid-19 pandemic. The global economic outlook remains fragile. A convergence of crises including extreme climate, conflicts and cost of living challenges has heightened the urgency of scaling up investments for sustainable urban development. It also provided a huge opportunity for transformative innovative finance. It is estimated by the United Nations Conference on Trade and Development (UNCTAD) and IEA, that roughly $2.6 trillion dollars is required every year until 2030 to meet the Sustainable Development Goals (SDGs). From my previous experience as a Mayor in Malaysia, I understand that access to finance is critical to ensure the long-term sustainability of a city.

However, I remain hopeful. I know from our work in over 600 cities globally as well as through networks like UCLG, C40, ICLEI and others that cities play a key role that can boost national economic development. If properly supported, mayors can help countries turbo-charge action to achieve the 2030 Sustainable Development Goals. By 2050, 68% of the world's population will call cities their home. This means that battles against poverty, inequality, and climate change, lack of adequate housing will be increasingly be won or lost in cities. This is why the Shanghai Awards is yet another way to recognise the important role of cities in helping Member States to deliver on their commitments to sustainable urbanisation that was reinforced during the second session of the United Nations Habitat Assembly in June this year.

I am very grateful to our partners, the Ministry of Housing and Urban Rural Development, Shanghai Municipal Government and other Chinese partners for collaborating with UN-Habitat, to jointly establish the Shanghai Award. I am also grateful to the team for the *Shanghai Manual: A Guilde for Sustainable Urban Development in the 21st Century* annual report and the development of Shanghai Adapted Index.

However, what the award recognises is action on the ground. Let me express our thanks to all the cities that applied for the award. Your dedication to a better quality of life for all in our cities is truly commendable. I would like to encourage more cities to join Shanghai Award initiative. This is a platform to exchange your vision, experience, successes and set-backs so that we can help other cities build capacity, attract investments and find innovative pathways to achieve a sustainable urban future.

Excellencies,

Distinguished Guests, Ladies and Gentlemen,

Today, the confluence of multiple crises is still threatening our progress on the SDGs. The UN Secretary-General's report reveals that only about 15% of the targets are on track and many are going in reverse. UN-Habitat is committed to cooperating with all national and local governments and broader stakeholders, to ensure that no one and no place is left behind.

I noted that the 3rd Belt and Road Forum was successfully held in Beijing last week. UN Secretary-General Guterres said the Belt and Road Initiative provides a very important and effective way to help developing countries achieve sustainable development. It is also a historic opportunity to build modern, green cities, communities and transportation systems.

During my visits in China, I have witnessed some impressive projects that are good examples of the domains of change that UN-Habitat is trying to achieve in its Strategic Plan. This includes urban regeneration projects breathing new life into historic neighbourhoods, the adoption of green technologies in housing and infrastructure, and the application Digital technology to help make our cities "smarter". All of this is only meaningful if they are people-centred.

Taking this opportunity, I am happy to let you know, the 12th session of the World Urban Forum will take place in Cairo, Egypt, in November 2024. Examples from China will certainly enrich the global discourse on urbanisation.

Excellencies,

Distinguished delegates, Ladies and Gentlemen,

There is no doubt that the future is urban. In this decade of celebrating sustainable urbanisation, let us renew our commitment to Better city, Better life. Together, let us engage in meaningful dialogue, forge partnerships, and explore innovative solutions to achieve a sustainable urban future for all.

Thank you! Xie Xie!

Foreword

Editorial Department of
the Book

On October 28-31, 2023, the Awarding Ceremony of the Global Award for Sustainable Development in Cities (Shanghai Award) and 2023 World Cities Day China Observance took place in Shanghai. This event was jointly organized by the Ministry of Housing and Urban-Rural Development of the People's Republic of China, the United Nations Human Settlements Programme (UN-Habitat), and the Shanghai Municipal People's Government. Under the theme "Financing Sustainable Urban Future for All", the event included an opening ceremony and a series of forums, exhibitions, and thematic site visits. Concurrently, the 3rd SDG Cities Global Conference was held. Additionally, the Global Observance of the World Cities Day 2023 took place in Istanbul, Türkiye.

On October 28, the Opening Ceremony of the Awarding Ceremony of the Global Award for Sustainable Development in Cities (Shanghai Award) and 2023 World Cities Day China Observance took place in Shanghai. He Lifeng, Member of the Political Bureau of the CPC Central Committee and Vice Premier of the State Council, attended the opening ceremony and presented awards to the first award-winning cities.

Before the opening ceremony, He Lifeng visited an exhibition showcasing urban construction and development cases. He emphasized that President Xi Jinping placed great importance on sustainable urban development and had shown ongoing concern and guidance regarding the establishment of the Global Award for Sustainable Development in Cities (Shanghai Award), including specifically sending a congratulatory message for the Global Observance of the World Cities Day 2022 and 2nd SDG Cities Global Conference; and the Chinese government was actively advancing a people-centered new type of urbanization in line with President Xi's important directives, willing to share China's solutions and experiences with countries around the world to jointly promote global urban sustainability.

Chen Jining, Secretary of the CPC Shanghai Municipal Committee, attended relevant activities and delivered a speech during the opening ceremony. He stated that Shanghai, guided by President Xi's important discourse on urban development, would adhere to a uniquely Chinese path for city development, accelerate the transformation of its development approach as a megacity, and take greater strides in building a people-centered urban environment; consistently prioritize the needs of its citizens, allocating the best resources and providing high-quality services for their benefit; focus on enhancing urban functionality, deepening the construction of its "five centers," and strengthening its "four major functions"; hasten the transition to a green and low-carbon economy, facilitating harmony between humanity and nature; and enhance the efficiency of urban governance, developing a Shanghai model for urban modernization and sustainable development.

Ni Hong, Minister of Housing and Urban-Rural Development, attended the opening ceremony and noted in his speech that 2023 marks the 10th anniversary of World Cities Day established by the United Nations. He highlighted that the introduction and presentation of the Global Award for Sustainable Development in Cities (Shanghai Award) by UN-Habitat will significantly guide global urban development efforts and elevate the initiative of "building inclusive, safe, resilient, and sustainable cities" to new heights. Standing at a new starting point, China will continue to work with all parties to promote the sustainable development of global cities and make cities become homes of happiness, green spaces, windows for culture, frontiers of science and technology, and safe harbors.

Maimunah Mohd Sharif, then Under-Secretary-General of the United Nations and Executive Director of UN-Habitat, attended the ceremony and remarked in her speech on the profound significance of returning to Shanghai on the 10th anniversary of the successful establishment of World Cities Day. China's Belt and Road Initiative, along with exemplary practices from various cities, has showcased the exceptional implementation of a "people-oriented" approach, serving as an important reference for cities worldwide. We have reaffirmed our commitment to "Better City, Better Life" by engaging in meaningful dialogues, forging strong partnerships, and exploring innovative solutions for a sustainable urban future.

Gong Zheng, Deputy Secretary of the CPC Shanghai Municipal Committee and Mayor of Shanghai, attended the event and unveiled the 2023 edition of *Shanghai Manual* as well as the comprehensive The Urban Monitoring Framework-Shanghai Adapted Index. The *Shanghai Manual* (2023), co-edited by UN-Habitat, the Bureau International des Expositions, and the Shanghai Municipal People's Government, showcases the best practices in sustainable urban development from around the globe under the theme "Integrating Resources for a Sustainable Urban Future for All". The Shanghai Adapted Index is a collaborative effort developed by the Ministry of Housing and Urban-Rural Development, UN-Habitat, and the Shanghai Municipal People's Government, structured under an overarching "1+N" framework. Among them, "1" serves as a comprehensive index used to measure the overall level of urban sustainable development. "N" signifies several themed indices. They will be combined with World Cities Day themes and key urban development hotspots to evaluate the level of sustainable development in specific urban areas.

Minister of Urban Development and Housing of Ecuador, María Gabriela Aguilera Jaramillo, was among the attendees at the opening ceremony. Other participants included representatives from domestic and foreign governments, mayors, urban representatives, experts, scholars, business leaders, and representatives from international organizations.

The World Cities Day 2023 marked the first presentation of the Global Award for Sustainable Development in Cities (Shanghai Award), aiming to promote the implementation of the United Nations 2030 Agenda for Sustainable Development, advance the localization of the New Urban Agenda globally, actively respond to the Global Development Initiative, and recognize outstanding cities worldwide that had made significant progress in sustainable development. Cities awarded the Shanghai Award include Brisbane in Australia; Fuzhou in China; Kampala in Uganda; George Town in Penang, Malaysia; and Salvador in Brazil.

In addition, a wide range of colorful activities such as forum side events, knowledge sharing, and social promotion were conducted throughout 2023. A total of 38 thematic and series activities for the World Cities Day were conducted in 2023, including 33 forums (conferences), 1 exhibition, and 4 social activities. These events involved government officials, representatives from international organizations, mayors, corporate representatives, and experts from dozens of countries, including Australia, Brazil, Uganda, Malaysia, Qatar, Ecuador, Nepal, Costa Rica, the United Kingdom, Thailand, Bangladesh, Ghana, Portugal, the United States, Kenya, Germany, Canada, Italy, Finland, Uruguay, Colombia, South Africa, and the Philippines.

As a record of the event outcomes of the World Cities Day 2023, *Selected Speeches of the 2023 World Cities Day Events* brings together and highlights the insightful speeches of domestic and international guests during various activities at the World Cities Day 2023. The content covers topics such as the future of cities and sustainable development, urban governance, resilient development, shared spaces, infrastructure construction, people-centered city building, soft power enhancement, urban renewal, and digital empowerment. The book aims to share with readers the experiences, methods, and achievements of cities worldwide in local actions, as well as the wisdom and insights of professionals from various fields, contributing to the creation of a better future for cities.

Foreword

Contents

Chapter I Future Cities and Sustainable Development

002 Significance and Practice of the UN Sustainable Development Agenda for the Inter-city Cooperation /Yu Hongyuan

005 Coordinated Development of Transportation and Cities from a Low-carbon and Inclusive Perspective——Theory and Practice from Cities in China and Developing Countries /Zhang Chun

011 The Government, Enterprises, and the Public Cooperate to Promote the Sustainable Development of Bus Services /Cheng Shidong

017 Accelerating Urban "Carbon Neutrality": Domestic and International Practices /Xue Lulu

022 Giving Full Play to the Crucial Role of the Carbon Market and Uniting Diverse Forces to Propel Urban Green Transformation /Liu Jie

Chapter II Urban Governance and Resilient Development

028 Interdisciplinary Research on Future Cities and Transportation Systems /Zhang Junyi

039 ESG Ratings for China's Urban Development /Chiu, Tzu-Kuan

045 How Large Models Can Be Utilized in Urban Governance: Practices and Reflections1 /Wu Jiannan Ma Taiping Zhou Lei

051 Resilience of Underground Space System in Megacities: Connotation, Assessment Methods, Enhancement Strategies, and Prospects /Han Kaihang

Chapter III Shared Space and Infrastructure Construction

062 In-forest Venues, Eco-friendly Winter Olympics—Key technologies for the design, construction, operation and maintenance of the Winter Olympics snow venues under complex mountain conditions /Li Xinggang

069　Underground Space and Urban Resilience /Zhou Yingxin

077　Cases and Experience of Urban Near-Zero Carbon Community Construction in China /Zhang Yalong

081　Reshaping Functions and Reviving Character—Practices and Explorations in Urban Renewal and Cultural Root Preservation in Shanghai /Liu Qianwei Chen Zhuo

Chapter IV　Human-oriented Urban Development and Soft Power Enhancement

094　Structural Mismatch and Governance in the Housing Rental Market in China's Large Cities /Yu Xiaofen

100　Promoting the Integration of Treatment, Prevention, Health Management and Care for the Aged to Comprehensively Improve Healthcare Capability /Li Hui　Xu Jiayu　Yan Hua

108　Optimizing Property Governance Structure to Create High-quality Century-long Housing /Cheng Peng

113　Enhancing Cultural Values of Internet-famous Site Check-in /Xiao Qianhui

118　Value Realization of Historical Building Preservation and Utilization /Xu Jinliang

Chapter V　Urban Renewal and Digital Empowerment

130　Shanghai Shikumen Lilong: Transformation Process and Regeneration Models /CHANG Qing

151　The Sustainable Urban Regeneration Models and Future of the People's Cities /Wang Lin

162　Cultural Metaverse Empowers Urban Cultural Innovation /Xie Xuefang

167　The Practice of City Information Modeling for Urban Governance /Yang Tao

174　Planning Strategies and Tactics for Urban Renewal in Beijing /Shi Xiaodong

Appendix: Theme Activities and Series Activities of World Cities Day 2023